ウェルビーイングを実現する学力保障

教育と福祉の橋渡しを考える

髙田一宏 著

大阪大学出版会

ウェルビーイングを実現する学力保障
―― 教育と福祉の橋渡しを考える ――

目　次

第 1 章　本書の課題 …………………………………………… 1
　第 1 節　研究の目的と問題意識―人権保障としての学力保障―　3
　第 2 節　学力保障の実践と研究　8
　第 3 節　本書の構成　18

第 2 章　同和教育の課題としての学力保障 ………………… 21
　第 1 節　メリトクラシーと学力保障　23
　第 2 節　低学力の要因に関する理論　28
　第 3 節　まとめ―メリトクラシーの限界―　47

第 3 章　A 中学校の学力保障―歴史編― ………………… 51
　第 1 節　事例の特徴　53
　第 2 節　確立と展開の時代―開校から 1980 年代まで―　57
　第 3 節　転換の時代―1990 年代―　71
　第 4 節　模索の時代―2000 年代―　81
　第 5 節　まとめ―教育活動の停滞とその背景―　95

第 4 章　A 中学校の学力保障―現状編― ………………… 101
　第 1 節　復興の時代―2010 年代―　103
　第 2 節　「効果のある学校」の観点からみた A 中　132
　第 3 節　学校における貧困の現れ　148

第4節　まとめ―セーフティネットとしての学校―　156

第5章　ウェルビーイングのための学校　………　161
　　第1節　「教育学的誤謬」の克服　163
　　第2節　子どもの貧困対策における「学力保障」　167
　　第3節　ウェルビーイングのための学校　172
　　第4節　まとめ―教育とソーシャルワークの接点―　182

第6章　まとめと今後の課題　………　195
　　第1節　要約と結論　197
　　第2節　今後の研究課題
　　　　　　―「チーム」としての学校・就学前期からの取り組み―　201

注　………　205
参考文献　………　213
初出一覧　………　229
あとがき　………　231
索引　………　237

第 1 章

本書の課題

第1節　研究の目的と問題意識
　　　―人権保障としての学力保障―

　本書の目的は、同和教育を源流とする学力保障実践の歴史と近年の子どもの貧困対策をふまえ、校区に同和地区を有する中学校（A 中学校）の事例研究を通して、あらゆる社会的不利益層の児童・生徒の学力保障の展望を明らかにすることである。

　同和地区の児童・生徒の学力保障は、部落差別意識の解消とならんで、戦後同和教育の中心課題であった。だが、2001 年度に同和対策事業を進めるための法律が期限切れをむかえて以降は、同和地区の児童・生徒の学力や進路をめぐる課題がもはや解決済みであるかのような誤解が生まれたり、部落問題自体への無関心が広がったりしている（髙田 2016a）。国は同和教育を人権教育へと「発展的に再構築」するという考え方にもとづいて、2000 年に「人権教育及び人権啓発の推進に関する法律（人権教育・啓発推進法）」を制定した。だが、この法律は学力保障について何も述べていない。同和対策事業が終結して 10 年以上たってから「子どもの貧困対策の推進に関する法律」（2013 年）が制定され、翌年には貧困対策の「大綱」が閣議決定された。この「大綱」では、「教育の支援」の第一の課題として、「学校教育による学力保障」があがっている。だが、この「大綱」も、学力保障と人権教育との関係には触れていない。

　ナショナルレベルで「同和教育から人権教育へ」という政策転換を決定づけたのは、1996 年に、地域改善対策協議会（地対協）から総理大臣に対してなされた意見具申である（地域改善対策協議会 1996）。この意見具申は、地域の環境改善事業をはじめとする物的事業は終了の目処がたったとし、今後の同和対策の重点課題は、差別意識の解消、人権侵害による被害の救済、地域改善対策事業の一般対策への円滑な移行、施策の適正な推進にあるとした。その上で、教育や就労などにおける「残された」格差の解消に

あたっては、同和地区に対象を限定した特別対策をやめて一般対策でもって対処すべきだとの考えを示した。同和教育については、「今後、差別意識の解消を図るに当たっては、これまでの同和教育や啓発活動の中で積み上げられてきた成果とこれまでの手法への評価を踏まえ、すべての人の基本的人権を尊重していくための人権教育、人権啓発として発展的に再構築すべきと考えられる」（地対協意見具申）と述べた。

この意見具申が出たのは、1995年に「人権教育のための国連10年」が始まり、人権教育の国内行動計画が策定されようとしていた時期にあたる。地対協は、同和教育を人権教育へと「発展的に再構築」することは国際世論に合致するものだとしたが、国内の部落解放運動の運動体や教育現場からは、あらたな人権教育が部落差別の実態を軽視するのではないかと懸念する声もあがった。意見具申は「発展的に再構築」するというだけで、同和教育から人権教育に引き継ぐべき理念や方法も、「格差」の解消を一般対策でもって行うための具体策も示していなかったからである。

1997年には「人権教育のための国連10年」の国内行動計画が策定され、「同和問題」は、女性、子ども、外国人の人権などとともに、重点的に取り組むべき人権課題だとされた。さらに2000年には「人権教育及び人権啓発の推進に関する法律（人権教育・啓発推進法）」が制定された。この法律は、第2条で、人権教育と人権啓発をそれぞれ次のように定義している。

　　　人権教育とは、人権尊重の精神の涵養を目的とする教育活動をいい、人権啓発とは、国民の間に人権尊重の理念を普及させ、及びそれに対する国民の理解を深めることを目的とする広報その他の啓発活動（人権教育を除く。）をいう。

地対協意見具申以前、政府は、同和対策審議会（同対審）の答申（1965年）をふまえて、部落差別意識の解消と学力や進学率における一般地区と同和地区の格差の解消を、同和教育の課題だとしていた。だが、「発展的再構

築」の名のもとに、学力保障を中心とする教育権保障はオフィシャルな人権教育の課題から外された。人権教育の課題は「人権尊重の精神の涵養」に限定されたのである。2002 年 3 月、同和対策事業の法的裏付けとなっていた「地域改善対策特定事業に係る国の財政上の特別措置に関する法律（地対財特法）」が期限切れをむかえると、「同和教育」や「部落問題」という言葉さえ、教育現場や教育行政から消えていった。

同和対策事業がなくなったからといって部落差別がなくなったわけではないし、部落問題を解決するための教育的営為が要らなくなったわけでもない。だが、国の事業が終わった後、学校教育や社会教育で部落問題について学ぶ機会はどんどん減ってきているようである。近年の市民意識調査によれば、若年層で部落問題を知らない人が増えているが、それには学校での部落問題学習の機会が減っていることが影響していると考えられる（髙田 2016a）。

原田彰（2003）が指摘するように、そもそもマイノリティに対する差別問題は、それを何らかの方法で可視化しなければ、社会問題として取り上げられない[1]。例えば、同和対策事業が終結する前まで行われていた実態調査は、学力不振や低い教育達成という教育課題を可視化していた。だが、今では課題が可視化される機会がなくなり、課題の存在もその課題を解決するための取り組みの歴史も忘れられかけている。

では、そもそも学力保障とは、どのような歴史的背景のもとで始まったのだろうか。学力保障とは、どのような理念や方法にもとづく実践だったのだろうか。

戦後の同和教育は、敗戦直後の長期欠席・不就学問題への対応に始まり、教育条件の整備や教育内容の創造を通した低学力の克服と地域の教育運動と連携した部落解放の主体形成とを目指してきた。同和教育の中で、学力保障は、高校・大学等への進学機会の拡大、就職差別の撤廃とならんで、「実態的差別」の解消、すなわち生活のなかに現れた部落差別としての社会経済的低位性を解消し、部落住民の生活の安定に寄与すると考えられて

いた。

　学力保障は、教科の学習内容の習得だけをめざすものではなかった。1970年頃に現れた「解放の学力」(中村 1969)の構想は、「差別を見抜き、差別に負けず、差別とたたかう」子どもの育成を掲げ、「部落解放の自覚」「集団主義の思想」「科学的・芸術的認識」からなる「学力」を子どもたちに期待した。この構想を具体化するべく取り組まれたのが教育課程の「民主的自主編成」運動である（鈴木・横田・海老原編 1977、大内 1988）。当時、日教組は、教職員の主導する教育課程編成を「自主編成」とよんでいたが、同和教育を進める立場の人々は「民主的自主編成」あるいは「民主的編成」という語を好んで用いた。それは、「自主編成」が教育権保障という民主主義の課題を実現する教育運動であることを鮮明にするためにであったが、同和教育や教職員組合運動のすすめ方をめぐって共産党と部落解放同盟が激しく対立する中、「自主」が部落住民の願いを教育現場から排除する口実に使われかねないことを警戒したためでもあった。

　1970年代から1990年代はじめにかけての同和教育運動が構想していた「学力」には、学歴や資格を身につけ、安定した職と収入を得る手段としての側面と、部落差別を温存・助長する社会の構造を変えていく資質・能力としての側面があった。このことについて、木下 (1979) は「解放の力」と「解放の学力」を区別した上で、「解放の主体」に求められる「解放の力」の基礎に「解放の学力」を位置づけ、「部落差別の結果としてのいわゆる『低学力』の克服＝学力保障」を「自らの社会的立場の自覚＝『解放の自覚』との結合・統一において追求すること」(木下 1979、p.246) を同和教育における学力保障の特質としてあげている。

　「解放の学力」論の眼目は、「低学力の克服」と「社会的立場の自覚」を統一的に捉えることにあった。しかし、このように教育実践の目標としての「学力」を多義的に想定した分、「解放の学力」論においては、学習論・教育方法論が充分に展開されなかった。学習論・教育方法論に関わる議論が盛んになったのは1990年代もなかばを過ぎたころである。その後、「解

放の学力」論は、部落解放運動と教職員組合運動が失速していくなかで、その影響力を失った。しかし、利己主義的な「受験の学力」に対するオルタナティブな学力論として、社会変革の主体形成をめざす学力論として、1970年代から1990年代はじめにかけての同和教育運動に多大な影響を与えたことは、紛れもない事実である。

　「解放の学力」論が教育現場で影響力を失い、同和教育から人権教育へという政策の転換がすすむなか、オフィシャルな政策としての人権教育は、「社会権としての教育権」（桂 2009）の保障という視点を失った。今日なお、同和教育の伝統のある学校では、人権教育の柱として学力保障を捉える見方が根強いが、そうした学校は少数にとどまる。一方、子どもの貧困対策においては、貧困の世代的連鎖を断ち切るためと称して「学力保障」が推し進められようとしている。だが、それがめざすのはテストでもって計測が可能な「学力」の向上である。松本は、子どもの貧困対策に関わって、「どのような教育であれば貧困対策として機能するかという問いは、教育が貧困による不利を増幅させていないか、という問いを含んでいる必要がある」（松本 2013、p.8）と述べ、「貧困を生み出す社会の生成物」である学校が選抜機能を強化していることに警鐘を鳴らしている。もし仮に、貧困対策としての学力保障が学校自体のあり方を問い直すことなしにすすむなら、学力向上における「自助」と学力不振者に対する自己責任論はいっそう強調されることだろう。

　しかし、貧困層やマイノリティ集団の学力不振は、社会経済的な格差や教育政策の不備などの構造的要因に起因するものである。自助で乗り越えられるような性格のものではない。

　そもそも、同和教育を人権教育へと「発展的に再構築」することが提唱されるようになった背景には、同和地区内外の教育達成・職業達成の格差は解消の方向にあり、もはや同和地区に対する特別対策は必要なくなったとの認識があった。だが、実際には、同和対策事業終結後、同和地区の子どもたちの学力や進路の状況は悪化し続けており、今日の同和地区は、社

会全体に広まる格差・貧困の象徴とよぶべき存在になっている（髙田 2003、2008b）。経済と社会のグローバル化がすすむなか、日本を含む先進工業国では、経済的格差や教育達成・学力の格差が深刻になっており、それを是正するための教育政策・社会政策が模索されている（Attewell and Newman 2010、志水・山田 2015）。けれども、日本には、他の先進国に匹敵するような規模と内容の格差縮小策は、いまだ存在しない。

　子どもの貧困とそれを背景とする学力格差の拡大という今日的な教育課題に対して、同和教育における学力保障は、きっと大きな示唆を与えてくれるはずである。同和教育から始まった学力保障の理論と実践から、普遍的な学力保障・学力格差是正策への示唆を引きだしたいという思いが、本書を執筆した大きな動機である。

　以上の問題意識にもとづき、本書では、学力保障の展望を、学力保障に関わる大規模な実態調査、筆者自身のフィールド調査、子どもの貧困対策の政策動向をふまえて、考えていきたい。以下では、同和教育における学力保障の実践と研究の歩みを振り返った後、第 2 章以下の内容構成を述べる。

第 2 節　学力保障の実践と研究

(1) 学力の実態把握の始まり―1970 年代まで―

　敗戦からしばらくの間、同和教育の中心的課題は長期欠席・不就学の解消であった。この頃には同和地区の子どもの生活状況に関する調査が教師によってしばしば行われた。中でもよく知られているのが高知の教師による『きょうも机にあの子がいない』という実践記録（高岡解放教育研究会 2012＝高知市福祉部会 1954）である。これは、同和地区の児童・生徒の長期欠席問題の解決に取り組む「福祉教員」によるガリ版刷りの実践記録であるが、子どもたちの長期欠席、学力、進路、非行の状況とともに、保護者の職業や生活水準、教育意識などが丹念に記録されている。地域や家庭に

足を運び、子どもたちの生活に対する理解を深め、生活を改善するための教育課題を模索する。このような「靴減らしの同和教育」と呼ばれた同和教育の思想と方法は、後年、「差別の現実から深く学び、生活を高め、未来を保障する教育を確立しよう」（全国同和教育研究協議会の年次大会スローガン）という同和教育の原則に結実することになる。

森はこの原則の意義を次のように整理している。第一に「差別を観念的にとらえるのではなく厳しい生活の中にとらえること」、第二に「差別の影響を最も厳しく被っている子どもを中心に据え、生活をつづることを大切にしながら、その子どもたちの願いを土台に仲間づくりを進めるべきこと」、第三に「厳しい生活のなかに差別を見て取るならば、その現実を変えるべく社会を変えていこうとすること」、第四に「教職員が、現実とふれあうなかで、一人の人間として、また教職員として自己変革を遂げるべきこと」、そして最後に「『現実から学んだ』ことがらを教員が学習内容として創造し結実させていくべきこと」である（森 2002、pp. 153-154）。教育実践を通じて自己・学校・社会の変革を目指すのが「差別の現実から学ぶ」という同和教育運動の精神である。

1960年に入ると、同和地区の長期欠席・不就学問題は解決の方向に向かった。その背景には、高度経済成長下の労働力不足から、地区内でも雇用労働者が増えたことや、教科書無償配布などの教育条件整備がすすんだことなどがあった。1965年には同和対策審議会答申において「同和地区に関する社会的及び経済的諸問題を解決するための基本方策」が示され、1969年には同和地区に対する特別対策（同和対策事業）を進めるための法律「同和対策事業特別措置法」（特措法）が制定された。この頃から、同和教育の中心的課題は学校教育からの排除としての長期欠席・不就学の解消から、学校教育における学力・進路の保障へと移行していった。1970年代になると、同和対策事業が本格化した。住環境、就労状況、収入、健康状態、識字等々の実態調査が行政によって行われるようになり、学校でも子どもたちの学力と生活に関する調査が増えていった。行政施策や教育実

践をすすめるにあたっては、その前提となる生活・教育の実態把握が必要だったからである[2]。

しかしながら、1970年代までの学力調査は、学力不振の実態を明らかにするのにとどまり、その背景や要因の分析にまで踏み込むことは珍しかった。この時期の調査の成果と限界について、森（1985）は次のように述べている。

森は、まず、従来の調査は「子どもたちの置かれた生活の厳しさ、学習面でのつまずきの実態を明らかにし、生活改善、生活の組織化、教育内容の民主的編成などの必要性を示し、その展望を切り開こうとするもの」であり、「こうした調査を通じて差別の現実が明らかにされることによって、教育の条件や実践が改善された」（森 1985 p.149）として、実態調査の意義を高く評価した。

しかし、その一方、従来の学力調査には次のような問題点があったという。第一に、学力に関する調査（学力テスト）と生活実態に関する調査とが分離して分析され、生活状況が学力にどのように影響を与えているのかが検討されていないことである。第二に、階層の問題が視野に入っておらず、学力や生活状況の比較が同和地区と同和地区外にとどまっていることである。森は、この問題点について、生活困窮者や同和地区以外のマイノリティ集団を念頭に置いて、同和地区の子どもたちと「連帯すべき層を明らかにするうえでは一つの弱点と言わざるをえない」としている。第三に、「低学力の要因を構造的にとらえる視点」が弱いことである。森は「これまでの調査には、現場の感覚をいかしたすぐれたものも多いが、一方で、質問項目相互の関連をあらかじめ十分検討できてないのではないかと思われる例がないわけではない」とし、そうした問題の一因として、研究者が調査に十分に関与してこなかったことを指摘している[3]。

これらのうち、第一と第三の問題については、1980年代後半以降、学力と生活の総合的な実態調査が、研究者、学校関係者、地域の教育運動関係者、保護者、教育行政の協力のもとで行われるようになり、学力不振要

因の解明が進んだ。

　第二の問題にかかわっては、後年、同和地区の子どもの学力研究が、階層的不平等という「もう一つの不平等」を看過してきたとの批判がなされた。苅谷は 1985 年に大阪府で行われた学力調査のデータを再分析して、同和地区内外の学力格差には「『たんなる階層差』に還元できない地区－地区外の影響もあるが、それ以上に父親の職業に代表される階層差の影響も無視できない程度に強い」（苅谷 1997、p. 133）と指摘した。これに対して、山内は、「地区・地区外」という低学力の要因は「職業・階層」という要因に回収され得ないこと、そして「職業・階層」という要因自体が「地区・地区外」という要因に規定される傾向があり、その実相を量的調査で把握するのは困難だと反論した（山内 2006）。また、原田彰（2003）は、同和地区に極めて深刻な学力不振の状況があり、それを早急に改善するために特別対策が実施されたという歴史的経緯をふまえた議論が必要だと訴えた。

(2) 学力総合実態調査の時代―1980 年代から 1990 年代まで―

　同和地区の生徒の高校進学率は、1960 年代から 1970 年代なかばまでに急上昇した。折からの高校増設や同和対策事業の進展に伴う経済格差の縮小がその主な要因と考えられている。この時期には、地区外との交流や学校教育の価値の承認、地域と連携した学校の取り組みも進み、地区内外の学力格差も縮小していった（池田 1987）。

　1970 年代の後半になると同和地区の高校進学率は停滞期に入り、進学率における格差は「数％の壁」（鐘ヶ江 1995）を越えられない状況が続いた。当時、教育・保育関係者や地域の教育運動関係者の間で進学率停滞の要因として考えられたのが、学力の不振であった[4]。1980 年代の半ばになると、学力の的確な実態把握と学力不振要因の解明を求める声が強くなり、その要請に応える形で、同和地区の子どもたちの学力と生活状況に関する実証的な研究が始まった（大阪大学人間科学部社会教育論講座 1984、大阪大学

人間科学部社会教育論講座・教育計画論講座 1986)。思弁的な性格の強かった「解放の学力」論に、データに基づいた実証研究の光をあてる試みが始まったのである。

　当時の学力調査のうち、後の研究に大きな影響を与えたもののひとつに、大阪で 1985 年に行われた「被差別部落の子どもの学力総合実態調査」がある（学力総合実態調査実行委員会 1986、部落解放研究所 1987)。この実態調査は、「被差別部落生徒の学力実態の総合的把握と『低学力』の構造的解明」をめざして、「教科・領域におけるつまずきの分析とともに、それらと子どもの生活とかかわりを明らかにし、保育所・学校（小・中・高）・地域（子ども会）・家庭（保護者組織）の課題を明らかにしようとする」（森 1985、p. 142) ことをねらいとし、学力テストと子どもの生活・生活意識に関する質問紙調査を合わせて分析するものだった。

　学力と生活の総合的な実態調査の枠組みは、その後、西日本各地の教育委員会が実施した調査に引き継がれていく。1990 年代には、府県・政令指定都市に限っても、三重県、和歌山県、奈良県、大阪府、徳島県、高知県、福岡県、大阪市、広島市、福岡市で総合的な学力実態調査が行われた（中野 1994、髙田 1998a、1998b)。

　この時期、これほどまでに多くの学力実態調査が実施されたことの背景には、同和地区と地区住民に対する特別対策の廃止が日前に迫っていたという事情がある。国の同和対策事業に関わる法律は、1969 年制定の「同和対策事業特別措置法」（同対法)、1982 年制定の「地域改善対策特別措置法」（地対法)、1987 年制定の「地域改善対策特定事業に係る国の財政上の特別措置に関する法律」（地対財特法）と、事業規模を縮小しながら時限立法で続いていたが、1992 年に地対財特法が 5 年延長された頃から、地域改善対策協議会（地対協）で特別の立法措置の終了が議論されはじめた。そして、地対協は、1996 年の意見具申で、今後、教育や就労面の格差には一般対策に工夫をこらして対応するという方針を打ち出した。当時、各自治体は、地対財特法の期限切れ後の教育施策の課題を明らかにする必要

に迫られており、調査は施策検討作業の基礎資料を得るために行われたのである[5]。

1990年代、学力実態調査の理論と方法は多様に展開した。例えば、池田の「自己概念と学力」論（池田 1996、2000b）は、「解放の学力」論を教育論として読み直し、学習意欲や人権意識の形成という観点から自尊感情（セルフエスティーム）の重要性を指摘するものだった。広島大学のグループは、消費社会化が部落の生活文化に与えた影響を検討したり、パネルデータを活用して小学校から中学校に移行する過程で学力不振が顕在化する要因を探ったりした（原田彰 2003、原田・村澤 1997a、1997b、原田・西本 1997、久保田・原田 2000、西本 2001）。名古屋では部落の下位文化（サブカルチャー）の研究（今津・浜野 1991）や、同和地区が校区にある学校の組織文化の研究が行われた（今津 1996）。福岡では、地域と学校の協働論にもとづき、就学前・小学校低学年に焦点をあてた学力保障の実践的研究が行われた（「金川の教育改革」編集委員会 2006）。この時期の学力調査は、低学力の実態を明らかにしただけでなく、低学力の要因を実証的なデータに基づいて明らかにして、学校や家庭や地域における取り組みに対する実践的示唆を導きだしたといえる。

(3) 総合的調査から個別課題の探求へ―1990年代後半以降―

1995年に国連の「人権教育のための10年」が始まった。国内ではこの頃から海外の人権教育の理論を参照しながら同和教育の理論と実践を普遍化しようとする研究が盛んになった（解放教育研究所編 1997a、1997b）。

例えば平沢（1997）は、「人権としての教育、人権についての教育、人権のための教育、人権を大切にする教育」という4つの側面から同和教育の意義を整理している。「人権としての教育」は、教育を受けること自体を人権と捉えることであり、学力保障は、就学保障・進路保障と並んで「人権としての教育」を実現する取り組みである。

この頃には、従来の人権・部落問題学習を「人権総合学習」として再構

築する動きが関西の学校現場に広がった（大阪府同和教育研究協議会 1999a）。部落問題以外の多様な人権課題を学ぶ機会が増えるとともに、子どもたちの意欲や関心、思考力や表現力を「調べ学習」や「体験学習」などを通して育もうとする実践が広まった。さらに、教科学習と総合学習の枠を越えた学力保障のための授業改革運動が展開された（大阪府同和教育研究協議会 1999b）。一方、部落問題を前近代の残り物（封建遺制）と捉える論者からは、同和教育を速やかに終わらせるべきだという主張が現れた（東上 1996、梅田 1995、八木・梅田 1999）。

このような同和教育をめぐる意見の相違は、部落解放運動と同和教育をめぐる解放同盟と共産党の路線対立の延長線上にあるものだった。すなわち、解放同盟に近い立場の人々は、日本の人権教育の先駆的・先進的事例として同和教育を捉え、共産党に近い立場の人々は、同和教育は同和地区と同和地区外の対立を永続させ国民の「融合」を妨げるとみていたのである[6]。

部落解放運動や同和教育をめぐる運動路線の対立は、学力の実証的研究にも影を落とした。同和地区の児童・生徒を同定するような調査は部落問題を永続化させるとの主張さえ現れ（谷口 1996、村崎 1998、三枝 1999、植村 1998）、1990 年代の終わり頃には、行政による大規模な調査は難しくなっていった。だが、それに代わって、研究者個人あるいは研究者グループによって、インタビューや参与観察の方法を用いたインテンシブな調査研究や、就学前・学校外教育の状況についての調査研究が盛んに行われるようになった。それらをおおまかに分類すると次のようになる。

第一に、保護者の教育意識や教育戦略に関する研究である。早い時期のものに芝山（1989）、その後に髙田（1996）があり、それぞれ和歌山県新宮市と大阪府泉南市の学力総合実態調査のあとに行った聞き取り調査をもとにした論文である。伊藤・外川・竹口（1999）は、大学に進学した青年に生育史の聞き取りを行い、保護者の教育戦略と学校や教師の役割の関係を検討している。また、神原（1999、2000）は、大阪府内で同和地区内外の

保護者と子どもを対象とする質問紙調査を行い、同和地区の家族の階層構造や保護者の子育て意識・子育て行動の特徴を、詳細に分析している。

　第二に、地域の教育環境や地域の教育運動についての研究である。池田（1985）による漁村部落のエスノグラフィーを皮切りにして、西田（1990）、村上（1997）、外川（1993、1994）などがある。さらに、2000年頃からは、学校完全週5日制や総合的な学習の時間の開始を控え、学校・家庭・地域の連携・協働をめざす「教育コミュニティ」づくりに関するアクションリサーチが盛んに行われた（池田 2000a、2001、大阪大学大学院人間科学研究科池田寛研究室 2001、髙田 2005、2007）。

　第三に、就学前期の子どもの成長発達に関する研究である。総合的な学力実態調査によって、改めて就学前期からの学力形成の課題が焦点化されたこと、少子化対策としてのエンゼルプラン（1994）が策定されたことをきっかけに、同和保育所での保育内容や子育て支援について活発な議論がなされるようになった。大阪府・大阪市・堺市で1996年に行われた調査では、保育士からみた子どもの成長発達状況の調査、親子関係や保育所の要望についての保護者調査、さらに、保育士が日頃大切に考えている事柄等に関する調査を実施している（大阪府・大阪市・堺市 2000）。この調査は同和保育所に比べて一般保育所のサンプル数が少なく、幼稚園児も対象外となっていたが、就学前期に焦点を当てた調査としては、今までにない包括的な調査だった。

　残念なことに、地域や家庭を対象とする調査や就学前期の保育に関する調査は、その後、あまり行われなくなってしまった。まとまったものとしては、地域の青少年向け社会教育施設、部落解放子ども会、地域の教育保護者組織などに関する調査があるぐらいである（部落解放・人権研究所 2009a、2010、2012、木村和美 2008a、2008b、髙田 2012）。それには、同和対策事業の終結と地域教育運動の沈滞に伴って、行政施策や取り組み自体がなくなってしまったことも影響している。

　第四に、学校のフィールド調査である。志水・徳田（1991）の校区に同

和地区がある中学校のエスノグラフィーを皮切りに、西田（1994）の生徒指導に関する研究、教師の授業観や指導観に関する池田（1998）と葛上（1998）の研究などがある。2000年代以降は、質問紙調査、学力テスト、インタビュー、参与観察など複数の方法を組み合わせた「効果のある学校」に関する共同研究が積み重ねられてきた（鍋島 2003a、2003b、苅谷・志水 2004、志水 2006、2009、志水・髙田 2016）。本書の第3章と第4章も、この共同研究の成果の一部である。さらに、近年は、「効果のある学校」研究の延長線上に、学力格差縮小に関わる教育政策研究が行われるようになっている（志水・鈴木 2012、志水・髙田 2012、志水・茨木市教育委員会 2014、志水・山田 2015）。

（4）格差是正・貧困対策と「学力保障」―2000年代以降―

2001年度に国の同和対策事業が終わって以降、同和地区の子どもたちの学力や生活に関する調査研究はほとんどなくなった。行政による実態調査は、ほぼ途絶えたといってよい。研究者が学校や地域で調査への協力を得ることも難しくなっている。調査研究をめぐる環境はきびしくなっているが、それでも、子どもや若者の学力・進路・就労の状況を知る手がかりがないわけではない。

大阪では2000年に特別措置終結後の同和対策のあり方を検討すべく、大規模な実態調査が行われた。この調査では壮年層に比べて若年層の生活基盤が不安定になっていることが明らかになった（奥田 2002）。その後、2003年と2006年に大阪で実施された学力調査では、同和地区の児童・生徒の学力が大きく低下していることが明らかになった（米川 2007）。最近、運動体の協力を得て実施されたいくつかの調査でも、同和地区の若者の生活と雇用のきびしい状況が明らかになっている（福原他 2012、妻木 2010、2012、2013）。

入手可能なデータは限られているが、近年の調査の結果を突き合わせてみると、同和地区の子どもや若者の生活・学力・進路・就労の状況は、到

底、改善されているとはいえない（髙田 2008a、2013）。では、同和対策の終結後、同和地区の教育状況が悪化していったのはなぜなのだろうか。

同和対策事業は、日本社会全体が経済的な豊かさを享受する中、そこから置き去りにされてきた同和地区をキャッチアップさせることに貢献した。だが、現在の同和地区の生活・就労・教育の実態は、半世紀前に逆戻りしたかの感がある。この実態の変化には、「1990 年代以降、日本社会で広く見られるようになった長期失業、就職難による若者の未就職、派遣労働などの単身非正規雇用者の増加、そして社会の個人化に伴う未婚率の増加、そうした現代社会特有の社会問題」（福原他 2012, p.5）が影響している。そしてこれらの社会問題は、ニューカマー、障害者、ひとり親世帯、高校中退・非進学者など、同和地区以外の社会的に不利な立場にある集団にも、同和地区と同様の悪影響をもたらしていると考えられる（髙田 2013）。

多くの先進工業国と異なり、日本には、マイノリティ集団の社会経済的地位の改善や教育権保障に関する教育政策・社会政策や教育実践は根づいてこなかった（髙田・鈴木 2015）。唯一の例外が同和教育と同和対策事業だったが、同和対策事業が終結し、「同和教育から人権教育」へという政策転換が図られるなか、オフィシャルな人権教育は「社会権としての学力の保障」という観点を失ってしまった。

同和対策事業が終結する数年前、就労や教育などにおける同和地区と地区外の格差は、一般施策を活用して解消するという方針が打ち出された。その後、格差是正のための普遍的政策は確立されないまま、日本中は学力「向上」にまい進し、形成されるべき学力の内実やその思想性に関わる議論は数値的評価の中に埋没していくことになった。今日、子どもの貧困対策の一環として「学力保障」が推し進められようとしているが、人権保障の観点を欠いた「学力保障」は、自己責任論に絡め取られかねない危うさを伴っている。

今、求められるのは、同和地区内外に共通する教育課題を結びつける格差是正の政策と実践である。そして、そのような政策や実践の芽は同和教

育の歩みの中に埋もれているというのが筆者の考えである。実際、同和教育が大切にしてきた「公正」や「平等」の理念に基づいて教育や学校のありかたを探る研究は少しずつ増えてきている（池田 2005、原田 2007、桂 2009、志水 2011、西田 2013）。先に触れた「効果のある学校」の研究はその典型である。1960 年代までの同和教育における長期欠席・不就学解消の取り組みをスクール・ソーシャルワークの先駆例として取り上げる研究も現れている（大崎 2012、日本学校ソーシャルワーク学会 2008）。

第3節　本書の構成

　以下、本書の構成と内容を簡単に述べたい。
　第2章では、戦後の同和教育における学力保障の政策と実践とを枠づけた同和対策審議会答申の内容を述べた後、これまでに行われてきた学力調査をふまえて、同和地区の子どもたちの低学力要因説を整理する。そして、メリトクラシーを前提とする同和地区内外の学力格差縮小という政策と実践の帰結を批判的に検討したい。
　第3章と第4章では、大阪府内のある中学校（A中学校）での教育実践を描く。第3章は、開校（1976 年）から同和対策のための特別措置がなくなった直後までを取り上げる「歴史編」、第4章は 2010 年代を取り上げる「現状編」である。
　第3章では学力保障の対象が同和地区の子どもから地区周辺地域の子どもへと広がっていったことをえがくともに、特別対策終結後に教育実践が停滞した背景に、地域における貧困の広がりや地域活動の停滞があったことを指摘する。
　つづく第4章では、A中学校の現在の教育活動を概観した後、A中の取り組みを「効果のある学校」の視点から分析する。さらに、「効果のある学校」論の枠組みでは捉えきれない、困難な状況にある子どもと家族を支えるセーフティネットとしての学校の役割を明らかにする。

第 5 章では、A 中学校の事例をふまえ、子どものウェルビーイング（well-being）の観点から学校づくりを考える。よく似た概念にウェルフェア（welfare）があるが、こちらは生活の最低保障を含意するのに対し、ウェルビーイングは当事者の人権保障と自己実現の支援を含意する概念である。ウェルビーイング実現の場として学校を捉えたとき、学校にはどのような役割が求められるのか、学力保障はウェルビーイングの実現にとってどのような意味を持つのかといったことについて、近年の子どもの貧困対策の動向やスクールソーシャルワーク（SSW）の理論と実践をふまえて考えたい。

第 6 章は全体のまとめである。各章の要約をして論文全体の結論を述べたあと、当面の研究課題として、教師とそれ以外の専門職の連携協力（「チームとしての学校」）や就学前プログラムの研究について述べたい。

さて、本題に入る前に、本書で扱う「学力」の概念を説明しておきたい。同和教育運動においては、教科の学習と人権・部落問題学習、認知的な面での成長・発達と社会的・情緒的な面での成長・発達を対立的に捉える向きもあり、「学力」の捉え方の相違が研究や実践に少なからぬ混乱をもたらしてきたからである。

筆者は、まず、狭義の学力として、読み書き算を土台とする教科の基礎的内容を考える。学力保障に関わる実証的な調査研究の大半は、この基礎学力をめぐって行われてきた。基礎学力は、ペーパーテストによって計測が可能な学力であり、高校に進学し、仕事に就き、社会生活を営む上で必要な、社会を生き抜く上で必要な、機能的なリテラシーの中核的要素でもある。

ただし、学力保障の実践的な課題は、基礎学力の保障にとどまらない。先に述べたように、同和教育においては、通常は「学力」の範疇に含めない社会観や自己認識の形成を基礎学力の保障と結びつけた実践が追求されてきた。近年も、総合的な学習の時間等を活用しつつ、関心・意欲・態度や思考力・判断力・表現力、問題解決や問題発見の能力といった高次の能

力も含んだ広義の学力保障を同和教育はめざしてきた。

　学力保障と進路保障の関係についても述べておきたい。同和教育の先達たちは、卒業後の進路にあらゆる教育実践の成果と課題が集約されているという意味で「総和としての進路保障」ということをいってきた。進路保障の課題は、進学・就職の機会を拡大することだけではない。社会的差別や貧富の差で階層化・分断化された社会における自分たちの位置について考えたり、将来の生き方を考えたりすることも、進路保障の重要な課題である。その課題を達成するために狭義・広義の学力が必要であることはいうまでもない。

　狭義の学力はペーパーテストで測定が可能であり、そのような測定によって、はじめて学力格差の実相を明らかにすることができる。一方、広義の学力やそれを保障するための実践を捉えるためには、インテンシブな参与観察やインタビューなどの質的な調査が有効である。本書でも、必要に応じて、量的・質的な調査のデータを用いて、学力を論じている。

第2章

同和教育の課題としての学力保障

第1節　メリトクラシーと学力保障

　同和対策審議会（同対審）答申の4年後の1969年、同和対策事業特別措置法（特措法）が制定された。1970年代には全国同和教育研究協議会（全同教。現在は全国人権教育研究協議会）の運動が文字通りの意味で全国化した。同和地区の児童・生徒の学力保障が同和教育の課題として明確に教育関係者に認識され、様々な行政施策や教育実践が広まったのは、これ以降のことである。部落問題の解決という観点から学力保障の意義を明らかにし、また、同和地区や同和地区を校区に含む学校の教育条件と教育実践を充実させるうえで、同対審答申・特措法・全同教運動の果たした役割は実に大きかった。

　同対審答申は、部落差別を「実態的差別」と「心理的差別」の両面から捉え、両側面は相互に影響を及ぼしあい、悪循環を引き起こしていると指摘した。「心理的差別」とは、同和地区とその出身者に対する忌避・排除・蔑視といった感情のことであり、「実態的差別」とは、差別の「具象化」としての同和地区の生活のことである。同対審答申は、次のように実態的差別を説明している。

　　実態的差別とは、同和地区の生活実態に具現されている差別のことである。たとえば、就職・教育の機会均等が実質的に保障されず、政治に参与する権利が選挙などの機会に阻害され、一般行政諸施策がその対象から疎外されるなどの差別であり、劣悪な生活環境、特殊で低位の職業構成、平均値の倍にのぼる高率の生活保護率、きわだって低い教育文化水準など同和地区の特徴として指摘される諸現象は、すべて差別の具象化であるとする見方である。

　実態的差別と心理的差別の悪循環とは、例えば、次のような事態をさす。

心理的差別の表れとしておきる就職差別は、直接的には収入の道を閉ざして生活基盤を奪い、間接的には同和地区の人々の教育観や社会観に影響して達成意欲を冷却する。こうして低い生活水準や教育達成・職業達成という実態的差別が再生産され、同和地区とその出身者に対する否定的な意識が助長されてしまう。では、この悪循環を断つために、同和教育は何をすべきか。同対審答申は、次のように述べた。

> この教育（筆者注　同和教育）では、教育を受ける権利（憲法第二六条）及び、教育の機会均等（教育基本法第三条）に照らして、同和地区の教育を高める施策を強力に推進するとともに個人の尊厳を重んじ、合理的精神を尊重する教育活動が積極的に、全国的に展開されねばならない。特に直接関係のない地方においても啓蒙的教育が積極的に行われなければならない。

1969年には同和対策事業特別措置法（同対法）が10年の時限法として制定され、同和地区に対して様々な特別対策が行われるようになった。特別対策に関わる法律は期限延長や名称変更をくり返しながら2002年3月まで続いた。その間、教育の分野における特別対策としては、保育所、児童館、青少年向け社会教育施設などの設置や同和地区を校区に含む学校への教職員加配などが行われた。また、個人を対象とする事業として、義務教育段階の就学奨励費制度や高校・大学等への進学のための奨学金制度が設けられた。地域によっては、子どもの成長発達を保障する観点から、保護者の就労状況に関係なく希望者全員が保育所に入ることができる「皆保育（かいほいく）」と呼ばれる体制が実現した。

就職差別の撤廃にむけた取り組みが本格化したのも、1970年代である。1974年には、「部落地名総鑑」と称される部落の地名や主な職業などを記したリストが出回り、就職の採用選考や結婚の際の身元調査に使われていたことが発覚した。このことがきっかけとなって、身元調査をなくしたり

公正な採用選考を実現したりするための取り組みが、教育関係者、企業、行政機関の協力のもとで行われるようになった。

　1971年には、全国同和教育研究協議会（全同教）が教科教育の内容創造の枠組みとして、「言語認識・社会認識・自然認識・芸術認識」からなる「四認識論」を打ち出した。当時は「低学力の克服」が国語・算数・数学・英語を中心とした学習指導に、「部落問題学習」が社会科、特別活動・道徳の時間を中心にした取り組みに分化された状況があった。「四認識論」は、この状況を打開すべく、「『解放の学力』の形成にすべての教科・領域がその役割を果たすべき」（中野 1980、p.20）との考えにもとづいてなされた提案だった。

　このようにして、教育における「実態的差別」をなくすため、就学前保育（教育）、義務教育段階の就学保障と学力保障、進学や就職の機会均等をめざす実践が本格的に始まった。同和地区の子どもたちの生活や学力・進路の状況も詳しく把握されるようになった。

　一連の実態調査は、生活面や教育面における同和地区内外の格差を明らかにしたが、格差が生み出される要因の分析にまで踏み込む調査は多くなかった。学力の調査についてもそれは同様である。この事情について、原田彰（2003）は次のように述べている。

　　同対審答申では、「実態的差別と心理的差別」という枠組みのもとで、実態と意識を分けたうえで（両者の相互関係も意識しているが）、「地区／地区外間の実態の格差の縮小＋言動を通じてあらわれる心理的差別の解消＝同和問題の解決」と捉える戦略が立てられた。（この場合、「実態的差別」は地区／地区外の格差によって可視的となり、「心理的差別」は事件化することによって可視的となる。逆に言えば、そうしない限り、インヴィジブルなのである。というよりも、「同和問題」は、放置される限り、決してヴィジブルにはならない。）そのため、同和対策事業を進めるのに必要な実態調査では、「地区／地区外の格差」を示すデータがあれば十

分だとみなされた。そのことが、地区外の低い階層の実態に目を向けにくくした。

(原田 2003、p. 21)

　原田と同様の指摘はすでに1980年代からなされていたが（森 1985）、特別措置法の失効（2002年）まで、学力調査を巡る状況は大きくは変わらなかった。教育における「格差」問題は、部落問題の解決という枠に閉じ込められつづけた。そして、同和教育を人権教育へと「再構築」する政策のもとで、「格差」問題は置き去りにされたのである。

　さて、実態面の格差（実態的差別）と心理面の差別意識（心理的差別）の解消は、人権保障という観点からのみ語られたわけではない。同対審答申は、憲法で保障されているはずの「市民的権利」の中でも特に「就職の機会均等」を重視した。答申は「同和地区の産業経済はわが国経済の発展から取り残された非近代的部門を形成している」と指摘し、「同和地区に滞留する停滞的過剰人口を近代的な主要産業の生産過程に導入することにより生活の安定と地位の向上をはかることが、同和問題解決の中心的課題である」とした。就労面の格差およびそれと深く関わる教育達成や学力における格差の解消は、経済発展のための労働力確保というレトリックによって、経済政策としても支持されたのである。

　部落差別を「実態的差別」と「心理的差別」の二側面から捉え、低学力問題の克服を差別解消戦略に組みこむという発想は、その時代の政治・経済・社会状況の産物であった。すなわち、部落問題の解決は「国の責務」であり「国民的課題」だとする広範な政治的合意が形成され、部落解放運動がほかの社会運動・労働運動と結びついて対行政闘争を展開し、行政には部落への特別対策を実施できるだけの財源があり、産業界からは質の高い人的資本を求める声があがる。そうした時代背景のもとで、同和地区と地区外の学力格差や進学率格差の解消は、部落問題解決の戦略に組み込まれたのである。

長期欠席・不就学の解消と高校等への進学は、教育の「入り口」における機会均等を、就職差別の撤廃は、教育から労働への「出口」における機会均等を実現するための第一歩である。学力や進学率の格差をなくし就職差別をなくすことは、長らく部落出身という「属性」で教育や就労の機会から遠ざけられ、メリトクラシーの埒外におかれてきた部落出身者に「業績」本位のメリトクラシーを適用することを意味した。メリトクラシーの理念は、部落問題の解決と経済の発展を結びつけるカギだったといえる。

　同和教育は、このとき以来、2つの課題に向き合うことになった。志水（2016）の言葉を借りるなら、第一の課題は、「ゲーム」（学校、そして学校を終えた後の社会における競争）を支配する「ルール」（メリトクラシー）を受け容れ、「ゲーム」にあらゆる子どもや若者が参加できるようにすることである。具体的にいえば、義務教育の就学保障、高校・大学等への進学機会の拡大、基礎学力の保障、就職差別の撤廃などである。第二の課題は「ゲーム」の「ルール」をより公平なものに変えようとすること、すなわち、メリトクラシーに代わる教育と社会の理念を追求することである。第一の課題と第二の課題は原理的には矛盾するが、教育実践においては分かちがたく結びついている。いや、もっと正確にいえば、曲がりなりにもゲームに皆が参加することによって、初めてゲームのルールが公平なのかどうかを問い直すことができるようになるのである。

　志水（2016）は、近代公教育の理念として、能力主義（メリトクラシー）、平等主義、統合主義、民主主義（デモクラシー）の4つをあげ、メリトクラシーを相対化し、デモクラシーを中心とする残り3つの理念をよみがえらせることを、格差を「超える」展望として語っている。かつて同和教育がめざしていたのはこの理想に他ならない。同和教育の先達たちは、学力不振による高校非進学や中退を防ぐためにも、社会人として自立して生活するために必要な力を付けるためにも、基礎学力の保障に心を砕いた。と同時に「社会的立場の自覚」と「集団主義」を重視する「解放の学力」の

第 2 章　同和教育の課題としての学力保障

理念を掲げ、「受験の学力」の獲得競争をするどく批判した（中村 1969）。その批判は、「能力が低い」とされるがゆえに就学猶予・免除とされた障害者や、外国籍であるがゆえに制度的に義務教育の対象から外された在日外国人の教育権保障にもつながっていった。

　社会と教育を支配するメリトクラシーと折り合いをつけつつ、メリトクラシーを乗り越える社会と教育を希求すること。つまるところ、それが同和教育における学力保障の課題であった。本書の第 3 章と第 4 章で取り上げる「A 中学校」は、そのような歴史を体現してきた学校である。

第 2 節　低学力の要因に関する理論

(1) 不平等な機会構造と下位文化

　同和地区の児童・生徒の学力に関する実証的研究が盛んになったのは、1980 年代のなかば頃である。当時、研究の中心となった大阪大学の研究者グループは、高知の漁村、和歌山の地方都市、大阪市近郊の衛星都市という 3 つのフィールドで調査を行っている（大阪大学人間科学部社会教育論講座・教育計画論講座 1986）。この共同研究チームの一員だった池田は、後に、同和地区の児童・生徒の低い教育達成（学力や進路）について「不平等な機会構造」と「同和地区の下位文化」という 2 つの視角から、説明を試みた（池田 1987）。

　池田は「不平等な機会構造」について、次のように述べている。同和地区では、失業率が高く、正規雇用や大企業への雇用が少ない。有業者の年収は低く、福利厚生面でも不利な立場におかれている者が多い。このような「労働状態の低位性」は、直接的には「生活の貧しさ」を招き、それがさらに「教育への親の関心や子どもの学習意欲の低下」を招く。さらに、間接的には「全体的な達成意欲の低下や非行などの反学校的態度」を招く。

　池田によれば、今日、教育達成にとって客観的な機会構造よりも重要なのは「機会構造を個人や集団がどのように受けとめ解釈しているか」とい

うことの方である。同和地区出身者に対する露骨であからさまな差別が減り、学校や職場でメリトクラシーの原理が適用されるようになってきているとしても、依然として、子どもたちの身近には教育達成を通じて上昇移動を果たしたモデルは乏しい。上昇移動の可能性が少ないと判断すれば、達成意欲は低くなり、それは勉学意欲や学力に影響することになる。機会構造の主観的な捉え方の変化は、機会構造の客観的な変化よりも遅れるのである。地位達成（職業達成）の低さと教育達成の低さの悪循環の構造は、そうやすやすとは崩れない。

「同和地区の下位文化」については、池田は同和地区の下位文化と学校文化の不連続に注目した。この論文で、池田は、大阪府科学教育センターの調査研究プロジェクトを取り上げている（大阪府科学教育センター乳幼児プロジェクトチーム 1974〜1982）。このプロジェクトは、英国の教育社会学者バーンスティン（Bernstein 1971）の「精密コード（elaborated code）」と「限定コード（restricted code）」の関係を「書きことば」と「話しことば」の関係に置き換えたうえで、同和地区には豊かな「話しことば」が存在するにもかかわらず、学校で重視される「書きことば」が充分に発達していないことを指摘し、そのことに低学力の原因を求めた。これに対して、池田は「文化的低位性」から低学力を説明する発想が意図せざる問題を引きおこす危険性を指摘した。

　　「書きことば文化」が貧困であることによって、同和地区の人々の認識が、社会全体へと、あるいは抽象的な世界へと広がっていくことが妨げられていることは事実である。これはかれらの認識が劣っているためでなく、関心の対象つまり文化のもつ価値志向が身近な対象や状況に向けられているためであるが、このことじたいが過去における外部社会からの排除の結果であり、そして、近代における学校教育からの疎外の結果であるという点を理解しなければならないだろう。かれらの文化—その行動様式や価値志向—を劣ったものとして評価し、

集団として社会から排除しようとしたり、矯正を加える行為そのものが同和地区の人々に劣等意識を植えつけ、「書きことば文化」に対する距離感を生み出すことになるのである。

(池田 1987、p. 67)

　機会構造の閉鎖性や社会的排除の歴史から生まれ、支配的学校文化と対立しがちな下位文化の特徴については、言語文化以外の面でも指摘されてきた。例えば、今津・浜野 (1991) は、家庭へのコミットメントの強さ（およびそれと対をなす学校へのコミットメントの弱さ）、現状肯定的・現在志向的な態度、親和的な人間関係という3つの面において、同和地区の下位文化（サブカルチャー）と学校文化の不連続を見出している。また、鍋島 (1993) は、米国の教育人類学者オグブ（Ogbu）の所説を引きながら、部落民のカルチュラルモデル（社会の支配的集団やその集団がコントロールする諸制度に対する認識の仕方）が教育達成意欲を冷却している可能性があると主張している。

　ここで重要なことは、同和地区の下位文化やカルチュラルモデルの特徴は「外部社会からの排除」や「学校教育からの疎外」の結果として生じたものであり、部落差別によって歴史的に形成されてきたものだということである。同和地区と外部社会・学校との関係が変化していけば、同和地区の下位文化やカルチュラルモデルも変わっていく。学校や外部社会の側も同和地区との新たな関係のなかで変容を迫られる。例えば、田中 (1981) は、池田と同様の視点から同和地区の「書き言葉文化」の貧しさと「話しことば文化」の豊かさを指摘したうえで、「書き言葉文化」を学校が意識的に育てなくてはならないとしているが、同時に彼は、「文化欠陥説的な暗黙の前提」が「追い付き・追い越せ」型の競争を激化させることを警戒し、「話しことば文化」の復権を学校文化変革の課題として主張している。

　さて、池田は、先の論文の締めくくりで、学校は「現代社会において同和地区の子どもたちの文化的従属性を強化する主要な機関となっている」

（池田 1987、p.68）と述べている。彼はこの論文で、文化的支配の装置としての学校とマイノリティの下位文化の不連続・対立という図式によって、同和地区の子どもの学力不振やそれと結びついた現在志向の価値志向を解釈した。だが、こうした「文化不連続」説によれば、理論的には同和地区の子どもの低学力傾向は「再生産」され続け、永続することになる。

この難問への解答として、後年、池田は「再創造論（reinvention theory）」を提唱した（池田 1996）。再創造論の考え方は、「親文化＝下位文化と青少年の下位文化との直接的な関係を前提としない」。また、「支配のためのイデオロギー装置」ではなく「支配文化とマイノリティ文化を媒介する装置」として学校をみる。池田は言う。「マイノリティの子どもといえども最初から学校文化に対して対抗的、反抗的な態度で学校に入ってくるわけではなく、学校という制度、規範、ハビトゥスに触発され媒介されて、マイノリティの文化やハビトゥスは青少年世代の感覚や体験として再創造されるのである」。再創造論の立場からみれば、同和地区の子どもの低学力は運命づけられたものではない。「学校を場として繰り広げられるコンティンジェント（偶発的）なできごとや関係から生み出されてくる」ものなのである。

池田にとって、同和地区の下位文化と学校文化の不連続が学力格差を再生産しているという説は、現実の教育の多様性を見逃し学校変革の可能性を閉ざすものであり、理論的にはどうしても乗り越えなくてはならないものだった。彼の再創造論のポイントは「支配文化とマイノリティ文化を媒介する装置」という学校観にある。同和地区のサブカルチャーあるいはカルチュラルモデルは機会構造の変化に伴って変動する。学校もマイノリティと敵対する一枚岩的な制度ではない。教師は、支配文化とマイノリティ文化の間に立ち、両者の葛藤と対立を意識しながら、学校文化の変革を担う主体になりうる存在である。

第 2 章　同和教育の課題としての学力保障

表 1　同和地区内外の平均得点（小学生）

小学生	小 2 国			小 2 算			小 5 国			小 5 算			小 6 国			小 6 算		
実施年	同和地区	地区外または全体	格差	同和地区	地区外または全体	格差	同和地区	地区外または全体	格差	同和地区	地区外または全体	格差	同和地区	地区外または全体	格差	同和地区	地区外または全体	格差
1985 年	57.1	66.7	0.86	—	—	—	66.6	69.2	0.96	72.5	77.8	0.93	—	—	—	—	—	—
1989 年	65.6	72.3	0.91	—	—	—	72.6	77.2	0.94	77.1	81.2	0.95	—	—	—	—	—	—
1996 年	60.5	68.1	0.89	77.4	81.5	0.95	—	—	—	—	—	—	70.2	73.8	0.95	—	—	—
2001 年	—	—	—	—	—	—	61.2	73.0	0.84	58.0	70.6	0.82	—	—	—	58.3	63.3	0.92
2003 年	—	—	—	82.7	86.2	0.96	—	—	—	—	—	—	66.5	75.4	0.88	52.2	65.5	0.80
2006 年	—	—	—	—	—	—	—	—	—	—	—	—	69.7	76.1	0.92	51.7	64.7	0.80

注：「—」は、調査が実施されなかった学年・教科。

表 2　同和地区内外の平均得点（中学生）

中学生	中 2 国			中 2 数			中 2 英			中 3 国			中 3 数			中 3 英		
	同和地区	地区外または全体	格差	同和地区	地区外または全体	格差	同和地区	地区外または全体	格差	同和地区	地区外または全体	格差	同和地区	地区外または全体	格差	同和地区	地区外または全体	格差
1985 年	47.5	61.5	0.77	45.9	61.5	0.75	—	—	—	—	—	—	—	—	—	—	—	—
1989 年	61.7	70.8	0.87	63.1	72.7	0.87	—	—	—	—	—	—	—	—	—	—	—	—
1996 年	54.0	65.6	0.82	—	—	—	—	—	—	—	—	—	—	—	—	—	—	—
2001 年	—	—	—	—	—	—	—	—	—	53.9	61.8	0.87	50.9	60.9	0.84	60.8	71.9	0.85
2003 年	—	—	—	—	—	—	—	—	—	56.3	63.1	0.89	49.3	62.7	0.79	52.6	61.2	0.86
2006 年	—	—	—	—	—	—	—	—	—	54.7	65.1	0.84	40.9	59.2	0.69	47.9	63.6	0.75

注：「—」は、調査が実施されなかった学年・教科。

(2) 学力格差の長期的推移

2000年代以降の同和地区の実態調査では、若年層の就労状況や子どもの貧困が深刻化していることが明らかになっている。同和地区の子どもたちの学力不振要因として「不平等な機会構造」と「同和地区の下位文化」を池田が示してから30年がたつが、機会構造と下位文化のありようは、ふたたび大きく変化しつつあるのかもしれない。ここでは、学力と生活の総合実態調査がくり返し行われてきた大阪を取り上げ、同和地区の児童・生徒の学力や生活状況の変化とその背景・要因を検討していきたい。

大阪府では、1980年代以降、都合6回（1985年、1989年、1996年、2001年、2003年、2006年）、同和地区の児童・生徒の学力調査が行われている。6回とも、学力テストと生活・学習状況に関する質問紙調査が実施されており、1996年、2003年、2006年には、保護者に対する質問紙調査も実施されている。いずれの調査も、第1章でふれた「学力総合実態調査」の枠組みを踏襲している。

残念なことに、6回の調査の内容・サンプリング・分析には一貫性がない。1989年の調査と2001年の調査は、実施教科、対象学年、対象校が同じで、テストと質問紙調査の内容も経年比較ができるように工夫されている。また、2003年と2006年の調査は、テスト問題の一部が共通である。しかし、これら以外は、実施教科、対象学年、サンプリング、質問紙の内容がまちまちである。また、学力の集団差は、1985年、1989年、2001年の調査では「同和地区と地区外」、1996年、2003年、2006年の調査では「同和地区と全体」の比較で把握されている。

以上のような事情から、6回の調査結果を単純に比較することはできず、学力や生活の経年的な変化を辿ることは難しい。そこで、ここでは、便宜的に、同和地区の平均得点を同和地区外（または全体）の平均得点で除した数値でもって学力の格差を把握することにした。この数値が1よりも小さければ小さいほど、同和地区と同和地区外（あるいは全体）の学力格差が大きいことを意味する。表1、表2は、6回の調査の平均得点と平均得

第 2 章　同和教育の課題としての学力保障

表 3　1989 年から 2001 年にかけての格差拡大

調査年		小学校				中学校			
		国語		算数		国語		数学	
		平均得点	標準偏差	平均得点	標準偏差	平均得点	標準偏差	平均得点	標準偏差
1989 年	地区外	77.2	16.0	81.2	17.2	72.3	18.1	70.8	21.2
	地区	72.6	16.6	77.1	19.5	65.6	19.2	61.7	21.9
	格差	4.6		4.1		6.7		9.1	
2001 年	地区外	73.0	16.2	70.6	19.4	68.1	18.9	65.6	25.4
	地区	61.2	24.7	58.0	27.6	60.5	22.6	54.0	26.9
	格差	11.8		12.6		7.6		11.6	

点の格差をまとめなおしたものである[1]。

　表の「格差」欄の数値はすべて 1 未満である。これは、すべての実施年・学年・教科で、同和地区の学力水準が地区外（全体）よりも低かったことを意味する。経年比較ができる 1989 年と 2001 年の調査についてみると、いずれの学年・教科でも格差が拡大している。2003 年と 2006 年の調査を比べても、中学生で格差が拡大している。判断材料となるデータには制約があるが、1990 年代以降、同和地区内外の学力格差は解消したとはいえず、むしろ拡大する傾向にあるといえる。

　では、同和地区内外の格差はどのような要因によって拡大したのだろうか。次に、1989 年と 2001 年の調査結果の比較を通じて、格差拡大の要因を探っていきたい。

　1989 年の調査の実施主体は大阪府教育委員会、2001 年の調査の実施主体は東京大学の研究者グループである。後者は、大阪府教育委員会と大阪の研究者グループの協力をうけ、前者とほぼ同じ設計で実施された。後者の調査対象校は小学校 16 校（うち 11 校は校区に同和地区を有する学校。5 校は同和地区を校区に有する学校の隣接校）と中学校 11 校（すべて校区に同和地区を有する学校）、調査対象学年は小学 5 年生と中学 2 年生、対象者数は小

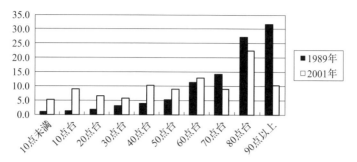

図1　小学5年生算数の得点分布（同和地区）（単位は％）

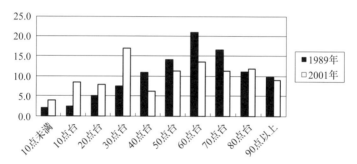

図2　中学2年生数学の得点分布（同和地区）（単位は％）

学生924人、中学生1281人である。なお、1989年から2001年までの間に、学習指導要領の改訂に伴って学習内容が削られているが、削減内容に対応する設問は2001年調査には含まれておらず、2つの調査の結果比較からも除外してある。

表3は、1989年と2001年の学力テストの結果をまとめなおしたものである。同和地区内外の平均点の格差はすべての学年と教科で拡大している。特に格差拡大が目立つのは小学校の方である。また、同和地区では、地区外以上に学力のばらつき（標準偏差）が大きくなっている。

同和地区における学力分布のばらつきをさらに詳しくみてみよう。図1と図2は、同和地区の子どもたちの算数・数学のテストの得点分布を

1989年と2001年で比較したものである。算数では、1989年の得点分布は右肩上がりのカーブを描いているが、2001年は分布の形が大きく崩れ、「10点台」「40点台」「60点台」にも小さなピークが現れている。数学では、得点分布の「二極化」がはっきりと認められる。学力中位層が薄くなり、下位層が分厚くなったためである。1989年と2001年を比べると、「80点台」と「90点以上」グループの比率に大きなちがいはないが、2001年には「30点台」に大きなピーク、「60点台」に小さなピークが現れている。

　1989年と2001年の調査は、児童・生徒に全般的な学力低下が起きていること、特に同和地区では学力低下が深刻なこと、その結果として地区内外の学力格差が拡大していることを明らかにした。全般的な学力低下の要因については、折からの経済格差の拡大や学校での学習指導の変化が指摘されている（苅谷・志水 2006）。そうした「下振れ」要因は同和地区内外に共通するものである。では、なぜ同和地区の学力の落ち込みは地区外のそれよりも大きいのか。当時、その理由として考えられたことは2つある。ひとつは、貧困・生活困難層の流入・滞留という地域コミュニティの構造的変化、もうひとつは、消費社会化が同和地区の子どもの学習環境や日常生活に与える負の影響である。

(3) 新たな低学力の要因
①地域の構造的変化

　表4は、2001年の調査における同和地区内外の階層構造を比較したものである。学歴階層は、子どもに「お父さんは大学を出ているかどうか」を尋ね、大卒と非大卒に二分してある。この設問には不明・無効が2、3割あるが、それは実施にあたってこの設問を削除したり子どもたちに答えなくともよいと説明したりした学校が相当数にのぼるためである。もうひとつの階層指標の「文化階層」は、家庭における保護者と子どもの関係や生活体験に関する質問への回答をもとに操作的に定義したもので、家庭の教育環境を示す尺度である[2]。

第 2 節　低学力の要因に関する理論

表 4　同和地区内外の階層構造のちがい（2001 年）（単位は％）

		学歴階層（父学歴）			文化階層		
		大卒	非大卒	無効など	下位	中位	上位
小学生	地区外	32.3	38.9	28.8	31.1	34.4	34.4
	地区	23.5	51.3	25.2	40.3	27.8	31.9
中学生	地区外	37.2	45.3	17.5	31.5	32.7	35.8
	地区	20.1	60.8	19.1	43.1	31.9	25.0

　表 4 から読みとれるように、学歴階層と文化的階層の両方で、同和地区の階層は低位に偏っている。1989 年調査には階層状況を把握する質問項目がなかったので、1989 年から 2001 年にかけての階層構造の変動を知ることはできない。だが、同時期に実施された別の調査の結果からは、同和地区の児童・生徒の社会文化的・経済的背景は 1990 年代にきびしくなっていったことが推測できる。

　大阪府が 1990 年と 2000 年に実施した同和地区実態調査（大阪府 2001a、2001b）では、過去 10 年間で同和地区人口の約 2 割が流出し約 1 割が流入したと推定されている。流出者の中心は 1990 年に 40 代以下だった高学歴層である。もともと同和地区に住んでいた人と同和地区に移り住んできた人を比べると、後者の方が学歴や所得は低く母子家庭の率は高い（奥田 2002）。

　同和地区から高学歴層・生活安定層が流出し低学歴層・不安定層が滞留する傾向にあることは、以前から知られていたが[3]、1996 年に公営住宅法が改正されたことを機に、大規模な都市型部落ではこの傾向がますます顕著になった。同和対策事業で建設された公営住宅（改良住宅）は、もともとあらゆる階層の人々の定住を前提としていた。だが、法律の改正によって公営住宅は低所得者向けとされ、同和地区では中間所得層の流出と低所得者層の流入が加速したのである。

　同和地区に住む青年層・壮年層の生活基盤はますます不安定になってき

ている。1990年と2000年の同和地区実態調査の結果を比べると、30代・40代の就業者割合は大きく減り、雇用形態においても非正規雇用が増加している。1990年には常雇い割合は60代から年齢が若くなるにつれて増え、30代前半（男性）で95％とピークに達していた。だが、2000年には30代・20代の常雇い割合が目立って低く、30代前半（男性）では83％にとどまっている[4]。2000年調査では、小・中学生の保護者の就労状況は明らかにされてないが、働き盛り・子育て年代層の生活基盤が不安定になっていることから、1990年代以降、同和地区の児童・生徒の間に貧困が広まっていった可能性はきわめて高い。

1989年から2001年にかけて、同和地区の階層構造は、学力が落ち込む層を増やす方向で変化した。同和地区内外の学力格差拡大の背景には、このような地域の構造的変動が横たわっていたものと推測できる。

もっとも、同和地区の児童・生徒の低学力には、階層的低位性だけでは

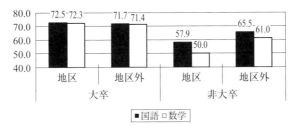

図3　学歴階層ごとにみた学力格差（2001年）（縦軸は得点）

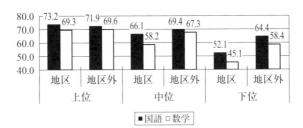

図4　文化階層ごとにみた学力格差（2001年）（縦軸は得点）

説明がつかない部分がある。図3と図4は、2001年の調査について、同一の階層グループごとに同和地区内外の平均得点を示したものである。階層水準が高いグループ（大卒グループ、「文化階層」上位グループ）では格差は小さいが、階層が低いグループでは地区内外の得点差が大きくなっている（志水・高田・鍋島 2002）。鍋島による再分析でもこれと同様の結果が確認されており、彼は「同和地区に固有の学力阻害要因は階層水準の低い者の方により強く働いていることを示唆している」（鍋島 2004、p. 204）としている。

階層要因を統制した分析から浮かびあがってくる「固有の学力阻害要因」として有力視されているのが、次にみる消費社会化の影響である。

②消費社会の影響

同和地区の児童・生徒は、テレビ、ビデオ、ゲームなどに囲まれ、物的には「豊かな生活」をおくっている。このことは、1990年代に実施された調査でくり返し明らかにされてきた。そして、この「豊かな生活」は、子どもの生活リズムや家庭学習時間に影響を与え、学力形成に負の作用をおよぼしていると指摘されてきた（鍋島 1993、2004）。

「豊かな生活」の中の学力不振について、原田彰（2003）は、同和地区は遅れて「豊かな社会」に参入したがゆえに「消費社会の負の影響」に無防備にさらされやすいのだと解釈し、「不平等な機会構造」および「同和地区の下位文化」に加えて、新たに現れた低学力の要因として「消費社会・情報化社会の波」を挙げている。そして彼は、池田（1987）の論を引きながら、「依然として不平等な機会構造が維持される中で、遅れて『豊かな社会』に参入したために被らざるをえない消費社会・情報化の波が部落の文化のありようを組み換え、その文化が低学力を生み出している」（原田彰 2003、p. 19）との解釈を示している。

ここで、2001年調査の「自分専用の持ち物」についての回答のうち、携帯電話（質問項目名は「携帯電話・PHS」）の所有状況をみてみよう。これ

を取り上げるのは、1989年調査（質問項目名は「電話」）に比べて地区内外の所有率の差が大きく広がっており、「消費社会・情報化社会の波」を象徴すると考えたからである。表5（数字は％）に示したように、全体として小学生より中学生で、地区外よりも地区で所有率は高い傾向にあるが、地区の「文化階層下位」層では、小学生でも所有率が3割に達している。

表5 携帯電話の所有率（2001年）（単位は％）

	文化階層上位		文化階層中位		文化階層下位	
	地区外	地区	地区外	地区	地区外	地区
小学生	16.9	23.9	13.5	20.0	15.4	31.0
中学生	34.4	35.0	41.3	52.9	48.1	53.6

原田はさらに、消費社会の生み出す文化と同和地区のサブカルチャー（下位文化）が「現状肯定性」という共通の特徴をもつことに注目している。彼の見解から敷衍するならば、「子どもの現在志向欲求の即時的状況を考慮せずには企業の商品生産が成り立たない社会（＝消費主体としての子どもに焦点を当てた『消費社会』の定義）」（原田彰2003、p. 17）の中で、「現状肯定性」という同和地区のサブカルチャー（下位文化）の特徴（今津・濱野1991）が、低階層群で特に増幅されていったのだと考えることができる。

(4) 学力・生活・進路状況の悪化とその背景

ここまでみてきたのは、同和対策事業が終結する直前までの学力格差の実態である。2001年度をもって同和対策事業が終結したあと、国や地方自治体は、同和地区の児童・生徒の学力や進路の状況を把握しなくなった。特別対策としての奨学金制度や同和加配がなくなると、その効果を知るために実態把握をする必要もなくなったのである。しかし、よく考えてみるとこの理屈はおかしい。格差を縮小するのは目的で特別対策は行政手法である。同和地区に限定した特別対策という手法を一般対策に切りかえたか

らといって、格差自体がなくなったわけではない。同和対策事業の終結によって、格差は「なくなった」のではなく「みえなく」なったのである。

　同和対策事業の終結後も同和地区の児童・生徒の生活や学力状況の把握をした自治体は、筆者の知る限り大阪府だけである。大阪府教委は、2003年と2006年の調査で、児童生徒支援加配[5]の配置校と同和地区の児童・生徒の学力状況を把握している。2003年と2006年の調査は、テスト問題・質問紙調査の一部は共通で、報告書でも経年変化を分析している。筆者はこの2つの調査の設計・集計・分析に研究者として協力したが、調査票の原票と電子化されたデータが廃棄されたため、再分析は不可能になっている。そこで、ここでは、調査報告書（大阪府教育委員会 2004、2007）に記載されたデータを再構成して、特別措置終結後の児童・生徒の学力と生活の変化を読みとっていきたい。なお、以下の図表はすべて筆者自身が作成したものである。

① 「下位層集中」の学力分布

　大阪府全体では、小中学生とも、2003年から2006年にかけて学力状況に大きな変化はないが、同和地区の中学生ではめだって学力が低下している。経年比較が可能な学力テスト問題のうち、2006年の正答率が2003年の正答率より5ポイント以上低い問題の数は、国語が10問中3問、英語が16問中13問、数学が14問中11問だった。3教科とも、2006年の正答率が2003年の正答率を5ポイント以上上まわる問題は1問もなかった。

　図5と図6は、それぞれ中学校3年生の数学と英語の正答数分布（2006年）である。どちらの教科でも、同和地区の分布は低得点に大きく偏った山形になっている。調査報告書は、この学力分布について「下位層に分布が集中した」状態だとしている。

　2006年調査をはじめ、これまでにいくつもの学力調査の分析に携わった米川は、同和地区が校区にある学校は生活保護受給家庭の率（要保護率）が高く、学校全体の要保護率と学力水準の間にかなり大きな相関があるこ

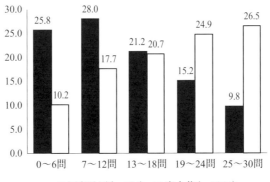

図5 中学3年生数学の正答数分布(2006年)(単位は%)

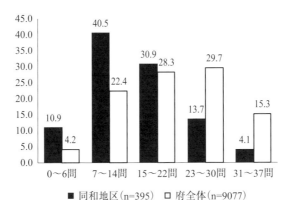

図6 中学3年生英語の正答数分布(2006年)(単位は%)

とを指摘している。さらに、同和地区の児童・生徒では難易度の高い問題の無答率が高いこと、2003年から2006年にかけて英語と数学の同一問題の正答率が低下していること、学力の分布が大きく低位層に偏っていることを指摘し、「これほどまでに学力分布が崩れているのは初めて」(米川2007、p.45)だと評している。

②家庭学習や親子の共同行動の減少

　2003年から2006年にかけて、大阪府全体で家庭学習は低調になったが、同和地区ではこの傾向がいっそう顕著である。2006年調査では、表6に

表6　家庭学習を「ほとんどしない」割合（単位は％）

		2003年	2006年	増減
小6	同和地区	20.0	29.7	9.7
	府全体	17.7	24.2	6.5
中3	同和地区	41.9	58.7	16.8
	府全体	40.1	42.8	2.7

表7　親子の関わり（「よくあった」と「ときどきあった」の合計）（単位は％）

			2003年	2006年	増減
小さい頃、絵本や本を読んでくれた	小6	同和地区	79.9	68.8	－11.1
		府全体	82.2	74.9	－7.3
	中3	同和地区	72.3	59.9	－12.4
		府全体	74.7	67.8	－6.9
博物館や美術館に連れていってもらったことがある	小6	同和地区	53.4	39.0	－14.4
		府全体	57.6	43.5	－14.1
	中3	同和地区	39.1	27.9	－11.2
		府全体	46.4	33.6	－12.8
勉強をみてもらったことがある	小6	同和地区	81.8	70.2	－11.6
		府全体	83.4	79.5	－3.9
	中3	同和地区	70.4	60.0	－10.4
		府全体	70.8	63.4	－7.4
家の人が学校での様子をきいてくれる	小6	同和地区	75.5	61.8	－13.7
		府全体	77.4	71.2	－6.2
	中3	同和地区	74.7	58.2	－16.5
		府全体	73.4	64.4	－9.0

示すように、家庭学習を「ほとんどしない」という回答は小6で約3割、中3で約6割に達する。また、表7に示すように、2003年から2006年にかけて、府全体で親子の共同行動は減っているが、この傾向も同和地区の方が顕著である。比較可能な項目のほぼすべてで減少幅は同和地区の方が大きい。

③家計状況の悪化と高校進学率の低下

1970年代までとは異なり、中学卒業後に進学を望む保護者は同和地区でも一般的になったが、進学資金を蓄えるゆとりがない家庭は多い。表8に示したように、「たくわえる余裕はない」という回答は25.7%から39.2%への増加である。

表8 中学卒業後の進学資金（「たくわえる余裕はない」の回答）（単位は%）

		2003年	2006年	増減
小6	同和地区	35.5	40.1	4.6
	府全体	29.1	33.6	4.5
中3	同和地区	25.7	39.2	13.5
	府全体	26.6	29.3	2.7

図7に示すように、1990年代後半から同和対策事業終結までの時期、同和地区生徒の高校進学率は一貫して下落し、同和地区と地区外の進学率格差は拡大した（大阪府人権教育研究協議会 2004）。同和地区の全日制高校進学率は、1993年3月の中学卒業生では約9割であったが、その後は下落傾向に歯止めがかかっていない。

同和対策事業終結後の進路状況については公式統計が存在しないが、2011年10月から2012年3月にかけて実施された地域福祉調査によると、同和地区の教育達成の低位性や経済的貧困が解消されていないことは明らかである（大阪府総合福祉協会 2012）。この調査によると、大阪府の全日制

第 2 節　低学力の要因に関する理論

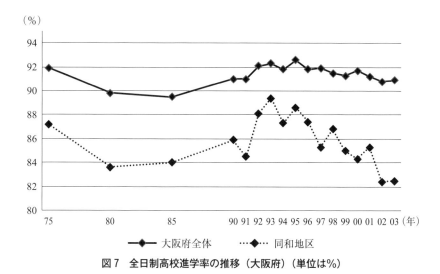

図 7　全日制高校進学率の推移（大阪府）（単位は%）

高校進学率は、同和地区 84.3%に対して、地区を有する自治体（市町）全体では 92.4%である。また、長期欠席の中学生は、同和地区で 8.0%、地区を有する自治体全体で 4.0%、就学援助を受けている中学生は、同和地区で 41.5%、地区を有する自治体全体で 25.2%である。

④低学力要因の関連構造

　1990 年代以降、くり返されてきた学力調査によって、同和地区の児童・生徒の学力不振には、次のように多くの要因が影響していることが明らかになった。すなわち、①不平等な機会構造（学校教育や職業選択の機会が閉ざされてきたことによる経済的低位性、アスピレーションの低下）、②同和地区の下位文化（話しことば優位の言語文化、現状肯定的・現在志向的な態度など）、③学校の内部過程（学校における文化再創造を通した反・非学校的な生徒文化）、④地域の構造的変化（住宅政策の変更に伴う生活安定層の流出と生活不安定層の流入の加速化、非正規・低賃金労働の増加に伴う若年層の生活基盤の不安定化）、⑤消費社会化の負の影響（家庭における学習環境の悪化、「現状肯定性」の強化

第 2 章　同和教育の課題としての学力保障

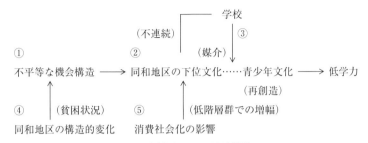

図 8　低学力要因の関連構造

など）である。

　以上の諸要因の関係を示したのが、図 8 である。この図を使って、1990年代以降、同和地区の児童・生徒の学力や進学率が低下し、地区外との格差が拡大していった理由を要約して述べたい。

　かつて「実態的差別」（同対審答申）としての学力不振を引き起こしていたのは、①と②の要因の結びつきである。だが、①については、長期欠席・不就学問題の解決、高等学校への進学機会の拡大、就職差別撤廃の取り組みなどを通して、少しずつ改善され、同和地区住民の社会移動の機会は開放的になっていったと考えられる。②についても、戦後、学校文化と下位文化の対立構造は不鮮明になっていったと考えられる。池田（1996）が指摘したように、同和地区の保護者は学力や学校生活への適応を求めるようになった。学校の側も、同和地区の子どもの学力・進路の保障を自らの課題として引き受けるようになった。本書の第 3 章以降でも描くように、同和地区の保護者や住民と学校の関係は、ときに対立や緊張をはらみながらも、徐々に子どもの教育のために協力をする関係になっていったと考えられる。

　しかしながら、①や②といった従来からの低学力要因が完全に解消されないうちに、④や⑤といった新たな低学力要因が現れ、従来からの低学力要因と結びつくようになった。労働市場の変動や住宅政策の変更を背景とする新たな貧困は、同和地区の子どもたちの教育を受ける機会を大きく制

約するようになっている。また、新たな低学力の要因として原田彰（2003）や鍋島（2004）が取り上げた「消費社会」化は、階層的な偏りをもって、特に低階層グループに大きな影響を与えている。③の学校の内部過程も、1990年代以降、学力政策の変化、同和対策事業の縮小・廃止、地域における教育運動の停滞に伴って、変化しているかもしれない。これについては、第3章以降で詳しく触れたい。

第3節　まとめ―メリトクラシーの限界―

　同対審答申から半世紀以上がたち、同和対策事業が終わってから10年以上がたった。では、「実態的差別」解消を目指して取り組まれてきた学力保障の政策や実践は、はたして所期の目的を遂げたのか。
　この章で取り上げた近年の調査結果が示すのは、1990年代以降、学力と進学率における同和地区内外の格差は縮小する兆しがみられず、経済的な貧困、家庭での勉強離れ、親子の共同行動の減少、家計状況の悪化など、同和地区の子どもたちの教育環境が以前にも増してきびしくなっているということである。従来の政策や実践は、所期の目的を達成できなかった。
　部落差別は、「部落出身」という属性によって教育や就労の機会から人々を閉め出してきた。同対審答申の出た1960年なかば頃でも、同和地区の高校進学率は一般地区の半分程度の約30％にとどまっていた。当時、進学率が低い理由として指摘されていたのは、経済的貧困、基礎学力の低さ、そして就職差別である。答申に添えられた教育部会の報告書は、高校卒業者でも就職率が極めて低いことに触れ、「せっかく高校を出ても、日雇土工や失対労務者では仕方がない」という住民の声を紹介している。また、同じく調査部会の報告書でも、同和地区の住民は、貧富の差が「能力や勤勉」ではなく「生まれや身分」で左右されると考える傾向が強いことを指摘している（同和対策審議会 1965）。
　差別によって教育を受ける機会や安定した職に就く機会を奪われること

は、多くのマイノリティ集団にみられる現象である。米国の教育人類学者オグブは、黒人をはじめとするマイノリティグループの人々の教育達成・職業達成を阻む差別を「カーストバリア」とよび、これがマイノリティの人々の社会観や教育への意味づけの大枠となる「カルチュラルモデル」に影響すると論じた（Ogbu 1978、2008）。鍋島（1993）は、近代の部落のカルチュラルモデルは、メリトクラシーへの懐疑をはらんでいたと指摘しているが、部落差別によって安定した職に就くことを阻まれた人々が「高校を出ても仕方がない」と考え「能力や勤勉」に信頼を寄せることができなかったのは無理からぬことだった。

　1970年代以降、同和対策事業や同和教育が進展する中で、部落出身者の教育と就業の機会は次第に拡大していった。しかし、それは皮肉なことに、部落出身者が「生まれや身分」による差別から解放される代わりに「能力や勤勉」に媒介された階層的不平等の再生産メカニズムに組み込まれることを意味した。1990年代に入ると「部落の階層分化＝部落の多様化」（部落解放・人権研究所 1999a）状況はいっそう顕著になり、住宅政策の転換も相まって、高い教育達成・職業達成を果たした人々は同和地区から流出し、同和地区外から同和地区へと新たに貧困・生活困難層が流入する傾向が顕著になった[6]。このような地域の変化について、奥田（2002）は、生活困窮層を吸い込み安定層を吐き出す装置という意味で「巨大なポンプ」とよび、妻木（2012）は、「貧困・社会的排除の地域的顕現」とよんでいる[7]。

　歴史が示すのは、メリトクラシーは必ずしも社会の開放性を高めはしなかったという事実である。測定された学力や学力の指標とみなされる学歴は、当人の能力と努力によって達成された業績とはいいきれない。それらは出身家庭の経済力や保護者の教育期待の影響をまぬがれないからである。メリトクラシーの現実は、当人の能力と努力よりも保護者の経済力と子どもへの学歴期待が学力や教育達成を左右する「ペアレントクラシー」（ブラウン訳書 2005）だったのである。かつてメリトクラシーの埒外にあった同和地区の人々は、今やメリトクラシーを装ったペアレントクラシーに

第3節　まとめ―メリトクラシーの限界―

取り込まれ、貧困に囚われている。

　今日の同和地区の人々の状況は、米国の社会学者ウィルソンが「本当に不利な立場におかれた人々（the truly disadvantaged）」（Wilson 1987、2012）とよんだインナーシティの黒人のそれに近づきつつあるといえるかもしれない。ウィルソンは、経済のグローバル化に伴って非熟練・半熟練の労働が失われるとともに、都市政策の失敗からミドルクラスが流出してしまったことが、黒人コミュニティを疲弊させたと主張している。

　　経済の変動や政治的意思決定は、ある集団に他の集団よりも多大な悪影響を与えるかもしれない。それは、その集団が社会成層システムにおいて占める地位のせいで不利益を被りやすい（vulnerable）からである。

（Wilson 2009, p. 6）

　ウィルソンは、都市部の黒人が貧困から抜け出せない要因として、経済状況や政策の変化―彼はこれらを「間接的な構造的圧力（indirect structural forces）」とよぶ―を重視する。彼の議論に対しては人種差別の影響を過小評価しているとの批判が根強くある。けれども、直接は差別と関係しない社会変動や政策の転換が、間接的にマイノリティに不利益をもたらしているという指摘は、マイノリティの社会経済的地位の低位性が「差別の結果」の一言では説明できないことを示唆している。

　「間接的な構造的圧力」という概念の含意を、部落問題に即して具体的に考えてみよう。1990年代に起きた非正規雇用や低賃現労働の増加は、同和地区を狙い撃ちにしたわけではない。だが、もともと低学歴者や職業資格を持たない者が多かった同和地区は、結果的に、労働市場の変動の悪影響を受けやすかった。公営住宅を低所得者のセーフティネットに位置づけるという住宅政策も、部落差別を意図したものではない。だが、元々、公営住宅の建設によって住環境の改善を進めた都市部においては、公営住

宅政策の転換は、結果的に、中・高所得者の流出と低所得者の流入を加速してしまった。

　社会変動や政策転換の悪影響を受けやすい社会集団は同和地区の人々だけではない。若者の無業・不安定就労や学力・教育達成の格差が社会問題化していくなか、ニューカマー、障害者、母子・父子世帯、高校中退・非進学者、養護施設の子どもなど、社会的に不利な立場におかれた人々の生活・就労・教育状況のきびしさが明らかにされつつある（西田・妻木・長瀬・内田 2011、長谷川 2014、林 2016）。「間接的な構造的圧力」の影響は、これらの人々にも及んでいるのである。メリトクラシーに取って代わる学力保障の理念を提示すること、あらゆる人々の教育権保障として、学力保障を人権教育の中に位置づけなおすことが必要である。

　第3章と第4章では、そうした新しい学力保障の展望を探るべく、大阪のある中学校（以下では「A中学校」とする）とその校区における取り組みの歴史を振り返りたい。A中は1970年代に開校した学校で、校区には大規模な同和地区がある。A中は、開校以来、社会的に不利な立場に置かれた子どもたちの学力保障に力を注いできた。重度の障害のある生徒の就学保障、平和学習、総合的な学習にいち早く取り組んだことでもよく知られている。1990年代以降は、校区全体で社会経済的にきびしい状況にある家庭が増加し、従来にも増して、総合的な子ども・家庭支援が求められるようになっている。学力保障の歴史と今日的課題を体現しているような学校である。

第 3 章

A中学校の学力保障
―歴史編―

第 1 節　事例の特徴

　1990 年代以降、同和地区の子どもたちの生活は不安定化し、同和地区内外の学力や進学率の格差は拡大する傾向にある。この趨勢の中にあって、同和地区内外の格差をはじめ社会集団間の学力格差を小さく押さえこんでいる「効果のある学校」が 2001 年に行われた調査で見出された（苅谷・志水・清水・諸田 2002、苅谷・志水 2004）。これ以降、「効果のある学校」の特色や「効果のある学校」づくりの基盤となる教育政策について、多くの知見が蓄積されてきた（志水 2009、大阪大学大学院人間科学研究科 2012、志水・茨木市教育委員会 2014、志水・髙田 2016）。一連の研究は、学校効果（school effectiveness）・学校改善（school improvement）研究として、学校現場や教育行政に一定程度の影響を与えている。

　これまでの「効果のある学校」研究は、複数の学校を対象とする横断的調査によって学校の効果の実相を明らかにしてきた。だが、ある時点で効果が認められた学校が 5 年先や 10 年先もそうである保証はどこにもない（川口・前馬 2007、Maden 2001）。実際、1989 年、2001 年、過去に実施された学力調査の結果を縦断的に比較すると、各学校の学力格差縮小の効果は消長をくり返してきたことがわかる（髙田 2016b）。学力格差縮小の効果が持続しないのは、その時々の学級担任・教科担任の能力や学年集団の特徴といった偶発的な要因が子どもの学力に影響するからである。まれに学力格差縮小の効果が持続している学校もあるが、そうした学校では、困難を抱えた子どもを見捨てない価値意識、学力保障の具体的な実践、それらを若手に継承していく組織文化が根づいており、それらが学校間連携や保護者・地域住民との連携を通して中学校区で共有されていることが明らかになっている（若槻・西 2016）。

　「効果のある学校」研究の積み上げのなかで、学力格差縮小の効果をもたらす要因や、格差縮小の効果が持続する要因については、かなりのこと

がわかってきた。だが、「効果のある学校」研究は、今、次の2つの課題に直面している。そのひとつは「効果」に関わる学校内外の要因の関係が十分に明らかになっていないことである。もうひとつは、学力格差の縮小という視点の意義と限界の両方をふまえた学校づくりの理論が成熟していないことである。

ひとつめの課題から説明しよう。海外の学力研究では、在籍する児童・生徒の階層や人種構成が学校全体の学力水準や学校内部の学力格差に影響することがくり返し指摘されてきた（Coleman 1966、Stoll and Myers 1998、Thrupp 1999）。日本の公立小・中学校は通学区域制度を前提としているから、在籍児童生徒の社会的・経済的・文化的背景は校区の地域特性を反映する。これまでの研究でも、きびしい生活状況の子どもが多いほど学校の効果は現れにくいこと、この傾向は小学校よりも中学校で顕著なことが明らかになっている（志水編 2009）。まれにきびしい生活状況の子どもが多い学校でも効果が認められることがあるが、それには、学校と地域の連携・協力や自治体の教育・福祉政策などが影響することがわかっている（大阪大学大学院人間科学研究科 2012）。

つまり、社会経済的状況がきびしい地域にあっては、そうではない地域よりも、地域住民や保護者と学校との連携、専門的機関や組織と学校との連携が、学力格差縮小の効果を左右する度合いが大きいようなのである。学校と学校外の人々・組織・機関との関係が学力格差縮小の効果にどのように影響するのかが、さらに明らかにされる必要がある。

もうひとつの課題は、「効果のある学校」研究の知見が学校現場や教育行政の関係者に知られていくにつれて、学校づくりの理論を深める必要が出てきたことである。

「効果のある学校」論は、ペーパーテストで測定可能な基礎学力に限定して学校の「効果」を把握・分析する。測定可能な学力に焦点をあてることによって、「効果のある学校」論は学力格差の実態を浮かびあがらせることに成功した。だが、この研究には、（期せずして、ではあるが）学校教

育の目的を「学力向上」に限定してしまうのではないかという懸念が寄せられている（甲斐 2014）。「効果のある学校」という観点から学校を評価することによって、学習指導に直接関係ない教育実践とそれによる教育成果に注目が集まらなくなるおそれがあることは否定できない。

地域の状況やこれまでの学校の取り組みなどを無視して「ひとつのモデルとして全学校・全学級に導入」することによって現場が混乱しないかという懸念もある（小針 2007）。この指摘もたしかにあたっている。実際、「効果のある学校」は教職員のチームワークなしには成立し得ない。学校づくりの方向性についての合意形成をないがしろにして「効果のある学校」の特徴とされる取り組みを「つまみ食い」しようとしても、その企てはきっと失敗することだろう。

そもそも「効果のある学校」研究が、学力の平均的水準の「向上」ではなく学力の「格差縮小」という問題意識から始まったことは意外に知られてない。そんななかで、成果主義的・競争主義的な学力向上策が、この間、全国で、とりわけ大阪では矢継ぎ早に打ち出されている（志水・髙田 2012）。だからこそ、教育の公共性やペーパーテストでは測定ができない教育成果をも視野に収めた、バランスのとれた学校づくり論が求められているのである（池田 2005、OECD 訳書 2011）。

第 3 章と第 4 章では、「A 中学校」とその校区の「B 小学校」におけるフィールド調査をもとに、社会経済的にきびしい状況にある児童・生徒が特に多い学校における学力保障の展望を考えていきたい。これらの学校を取り上げるのは、次の 2 つの理由からである。

第一に、これまで研究が手薄だった、子どもたちの社会経済的状況が特にきびしい学校の典型例だと考えたからである。A 中の校区には大規模な同和地区がある。ここは、かつては単独で村制・町制をしいていた「一村独立」の同和地区であり、B 小の校区は、この同和地区とほぼ重なっている。この同和地区では、近年、貧困・生活困窮層の流入が増えつつある。これに加えて、同和地区の周辺地域にも生活に困窮する世帯が増えてお

り、A中の就学援助率は5割を超えている[1]。ひとり親家庭や両親不在の家庭は約4割で、児童養護施設に暮らす子どもは各学年に数名在籍している。多くの学校では、貧困層や同和地区の子どもたちは文字通りの意味でマイノリティ（少数派）なのだが、A中やB小ではそうではない。数の上はむしろマジョリティ（多数派）である。そのような意味で、A中やB小はきわめて稀な事例ではある。だが、そのような事例だからこそ、同和教育から出発した学力保障の歴史や格差・貧困の拡大という今日的教育課題への対応を典型的に把握できるのではないかと考えた。子どもたちの社会経済的な状況がきびしい分、取り組むべき教育課題が可視化されやすい事例だともいえる。

第二に、学校内外の教育活動と学力状況の推移を長期的に把握できるからである。A中およびA中校区での筆者のフィールド調査は、1990年代はじめから今日まで、断続的に20数年にわたる。この間、A中は、1989年、2001年、2013年と、都合3回「効果のある学校」の調査対象校となり（志水・高田 2016）、2004年から2005年にかけて行われた「学校効果調査」（鍋島他 2005a、2005b）の対象校にもなった。さらに、2007年度と2010年度・2011年度には、A中校区で地域教育運動の関係者や保護者への聞き取り調査が行われた（部落解放・人権研究所 2009a、2012）。筆者は以上の調査に共同研究者・研究協力者として参加し、2004年から2005年にかけてと、2011年の秋から2016年の秋までの時期に、集中的にフィールド調査を行った。

調査とは別に、筆者は、1990年代なかばからの約10年間、保護者として、同和地区の保護者組織や同和保育所の保護者会の活動に参加した。また、2005年からは学識経験者としてA中の学校評議員をつとめている。筆者はA中教育のなかば当事者である。その分、無意識のうちにA中に「肩入れ」している可能性は否定できないが、学力調査等の量的データとフィールド調査で得られた質的データとを突き合わせることで、学校の姿をできるだけ立体的に描いてみたいと考えた。

以下、第3章では、開校から2000年代までのA中の教育実践を次の時期区分に沿って記述する。同和対策事業による教育条件整備と地域の教育運動と学校との連携によって、学力保障と人権・部落問題が定着していった「確立と展開」の時代（開校から1980年代にかけて）、同和地区の階層分化が進み、地域教育運動が一枚岩的ではなくなっていくとともに、同和地区の周辺地域で児童・生徒の社会経済的状況がきびしくなっていった「転換」の時代（1990年代）、教職員の世代交代や同和対策事業の終結などによって学校内外の教育環境が大きく変化し、従来の取り組みが難しくなっていった「模索」の時代（2000年代）である。

第2節　確立と展開の時代―開校から1980年代まで―

(1) A中学校の教育理念

　A中は1976年に開校した。その前身となったX中は、単独で町制をしていた同和地区にあった町内唯一の中学だった。この町は1960年に隣接する市と合併したが、X中に隣接する中学校が過大規模化していったのにもかかわらず、校区の再編が行われないままの状態がしばらく続いた。A中が開校して同和地区だけの校区編成が解消されたのは、部落解放運動が高揚し、同和対策事業が急ピッチで進んだ1970年代なかばになってからのことである。

　現在のA中学校の校区には、B小学校とC小学校というふたつの小学校がある。B小は明治初年に開校した学校で、かつてはB小とX中で一小・一中の校区を形成していた。C小学校はA中開校の数年後にできた学校である。C小の校区には児童養護施設があり、家賃の低廉な民間借家が多く、C小学校の子どもたちの社会経済的背景は市内でもかなりきびしい方である。

　同和対策事業が始まるまで、旧X中学校の教育環境は非常に劣悪だった。校地は手狭で校舎も老朽化したまま、特別教室もない状態だったとい

う。そうした教育条件に対する不満もあって、1961年の全国学力テスト（全国中学校学力調査）反対闘争の際には、生徒のほぼ全員が答案を白紙で提出するという事件が起きた。当時の在校生は、後年、ある座談会で、X中の教育環境を次のように振り返っている。

> 各学年2クラスやったねえ。けど、私らの下の学年が3クラスになって、教室が足らなくなったので柔道室を教室にしたんです。柔道室というのは間仕切りの板をはずした2教室分でピアノも置いてあって集会室として使っていて、入学式や卒業式なんかは、みんなその部屋でやってました。それからトイレやけど、戸が破れているから一人で行けないんです。それも男女いっしょなんです。だから、いつも友だちといっしょにトイレへ行って、用を足す間、番をしてもらうんです。それに1階でも雨漏りがするんです。板べいがとれ、中の粗壁がはみ出したりしてた。2階の教室で水をこぼして、下の職員室から怒られたこともあった。
>
> （「X地区解放教育30年の歩み」編集委員会編 1991、p.472）

生徒の生活も大変に貧しかった。この地域には戦前から続く地場産業があるのだが、中学生ともなると、仕事の手伝いをするために学校を早引きする生徒や学校にほとんど来なくなる生徒が少なくなかったという。

> 授業の方は、午後になると、生徒が半分になってしもてたな。みんなアルバイトをしてたんです。あの頃はみんな、どの家も貧しい生活で、肉なんか食べる日は年に1回かいうくらいやった。だから学年が上がるにつれ、学校に来る人数が減っていったんです。……中略……教科書も1年上の子に譲ってもらった。「今度私に譲ってやあ」と上の子に予約しとくんです。学校全体が仲良かったということもあるけど、教科書なんか買えなかったんです。3年間使う本は、1冊が何人

もの間で走り回ったなあ。譲ってもらった教科書は包装紙でカバーして、大事に使った。書き込みや落書きは絶対しなかったな。

(「X地区解放教育30年の歩み」編集委員会編 1991、p. 472)

　劣悪な教育条件と生徒の貧困。それらに加えてX中学が直面していたもうひとつの難題は、複雑な地域事情を背景とする越境就学であった。越境就学の数がピークに達した1970年代はじめには、X中に在籍しているはずの生徒の約3割が、周辺の中学校に越境就学していたほどである。
　1960年代の末頃、大阪では、同和地区の児童・生徒と同じ学校に通うことを忌避して越境就学する者が多いことが社会問題となった。だが、X中ではそれとは逆に、同和地区の子どもたちが周辺の学校へと流出していく越境が深刻だったのである。X中校区は全域が同和地区である。当時は、教育条件への不満や差別を受けることへの不安から、我が子に越境就学をさせる保護者が少なくなかった。もし仮に越境就学した生徒たちが本来就学すべきX中に戻ってくると教室が不足してしまうこともあって、結果的に、越境就学は放置され続けた。
　周辺地域から隔離された校区、劣悪な教育条件、生徒たちを分断する越境就学。これらの問題を解決すべく、1970年頃に地元住民や保護者による新中学校の建設運動が始まった。市はこれに押されて1973年に新中学校建設協議会を設けた。そして周辺の中学校の校区を再編して1976年に開校したのがA中である。
　A中には当時としては珍しく、車いすでの移動がスムーズにできるように、1階と2階をつなぐスロープが設けられた。身体障害者用のトイレ、LL教室、舞台と固定席を備えた講堂も作られた。このように学校設備が充実していたのは、市がA中を先進的教育条件を備えた「モデル中学」と位置づけたからである。しかし、A中の船出は順風満帆とはいえなかった。A中の校区に新たに組み入れられた地域からは大量の越境就学者が現れ、開校2、3年後まで学校運営は困難を極めたという。ある教師は当時

を次のように振り返っている。

　入学式当日いくら待っても入学予定の多くの生徒が来ません。心配して元の中学校に問い合わせたらその学校で教室に入って授業をうけているとのことでした。……中略……本音は「部落の子どもたちと一緒の学校はイヤ」という親たちの差別意識に基づいたものでした。当時のA中学校の生徒や教職員は、悲しく憤りの気持ちでいっぱいでした。この問題を解決するにはすばらしい、魅力のある学校をみんなの力でつくるしかないと、一丸となってとりくみました。このような努力が実り、1年目は80名だった越境生が2年目25名、3年目6名、4年目にはついにゼロにすることができました。

（「X地区解放教育30年の歩み」編集委員会編 1991、p.431）

　開校の翌年には、市長をまねいて大々的に竣工式が開かれた。A中学校の初代生徒会長は、竣工式の記念冊子（1977年）に次のようなメッセージを寄せている。

　私がまだX中学校の生徒の頃、新しい学校建設の話がよくされていました。その時、私は越境していった子と一日でも早く一緒に勉強するため設備の整った学校ができたらいいなあと思っていました。そして私が望んだような中学校がいろいろな人々の力で建設されました。
　私は最初A中に入ったときはとっても不安な気持ちでした。
　しかしそんな不安な気持ちの中にも希望ということばが私達をいつも勇気づけてくれたのです。そして私達はA中の生徒として新しく、しかも重要な一歩をふみだしました。そんな気持ちの中で一年が過ぎ去ったのですが、まだまだ解決していない越境や差別の問題があると思います。

こんな問題をこれからも忘れず考えていこうと思います。この学校が建つにあたってあせを流し協力して下さったみな様方に感謝の気持ちでいっぱいです。

その気持ちを忘れずに一生懸命努力することはいうまでもないのですが、本当に何に対しても前向きに逃げずにぶつかっていきたいと思います。

先生方も色々ご苦労なさっていることと思いますが、A中の生徒として私達も一生けんめいにがんばりますからご指導をよろしくお願いします。

A中学校のすばらしいところなどを、これから入学する弟たちや妹たちにどんどん伝えていって立派な伝統をつくっていきたいと思います。

私達はA中の生徒である自覚と責任をもってこれから先もこのすばらしい学校を美しく大事に使っていきます。

本当にこの学校をつくって下さったみな様方、ありがとうございます。

A中学校が生徒と保護者に配付するガイドブック（2016年度版）には、「本校の教育目標」として「(1) 心身が健全で調和のとれた、個性豊かな人間の育成、(2) 地域の実態に即して、その連帯を図り、人間尊重の精神を基盤とした差別をなくすために行動する人間の育成、(3) 公正な判断力を養い、主体的・自主的な行動のできる、社会性のある人間の育成」の3つが載っている。また、「めざす生徒像」として、「(1) 差別を許さない生徒、(2) 自分と仲間を大切にする生徒、(3) 授業を大切にし、進路をしっかり考える生徒、(4) 楽しい学校にするために行動する生徒」の4つが挙げられている。「地域の連帯」「自分と仲間を大切に」「差別を許さない」といった文言に象徴されるように、A中は、開校以来、地域とのつながりを大切にしつつ反差別の教育を追求してきた。

A中の教師たちは、差別を許さない仲間づくりの大切さや、A中に寄せられてきた住民・保護者の期待を折に触れて生徒たちに伝える。それが最も組織的に行われるのは、「A中学校建設の意義」と題した部落問題学習である。この学習は、開校からしばらくの間は生徒が入学したての時期に行われていた。当時はまだまだ越境を誘発した差別意識が根強かったからである。その後、この学習は、進路選択を控えた3年生で行われるようになった。「差別を許さない生徒」としての自覚を持って卒業してほしいとのねらいからである。

　仲間を大切にして差別を許さないという規範は、A中の生徒の間ではひろく共有されている。2年生以上の各クラスの代表が話し合いで決める文化祭・体育祭のテーマにはそれが端的に表れる。2012年度から2016年度までの5年間のテーマは、次の通りである。「つながる―皆で手と手を―」「全力」「WA（輪）―勇気ある行動でみんな笑顔に―」「全進―信頼する仲間と一歩前へ―」（筆者注。「全進」は全員で進むの意。生徒が考えた当て字）「おもいやり」。生徒同士のいじめやいさかいはA中でもおきる。だが、A中では、いじめやいさかいを仲間とともに乗り越えられるという考え方が、建前ではなく本音で、こちらが気恥ずかしくなるぐらい真っ直ぐに、生徒たちに受けとめられている。

(2) 1980年代の学力保障―抽出促進指導と部落問題学習―

　A中学校で学力保障の実践が軌道に乗ったのは、越境就学がほぼ解消された1980年頃である。当時は、同和加配の教師が中心となって、学力不振に陥った生徒を普通学級から抽出して少人数で指導する「抽出促進指導」がよく行われた。抽出促進指導は数学科で始まり、後に国語科と英語科でも行われるようになった。

　抽出促進指導のねらいは、勉強の遅れを取り戻して「原学級」[(2)]で他の級友とともに学習する力を付けることにあるとされた。抽出促進指導は、原学級の授業に戻るまでの暫定的な措置だったのである。A中の教師たち

は、抽出促進指導にあたって、差別や貧困によって「奪われた学力を取り戻す」自覚を生徒に促すとともに、抽出促進指導の生徒を中心に「支え合う集団」を構築しようとした。

　抽出促進指導の開始にあたっては、学年会議での対象生徒の絞り込み、抽出促進指導の意義と部落問題を学ぶ「促進学活」の実施、全保護者への学年通信の配布、対象の生徒とその保護者との話し合い、ホームルーム等での対象生徒の決意表明、という手順がふまれた。当時の「促進学活に向けて」という2年生の学年会議の資料（1979年4月）には、数学科の抽出促進対象として、特に学力不振が深刻な「数学のしんどい生徒」[3]が41名あがっている。

　この年、抽出促進指導の対象とされた「しんどい」生徒の内訳は、「同和地区」が21名、「雇用促進住宅」が7名、「長期欠席」が6名、「養護施設」が4名、「その他」が3名である（「X地区解放教育30年の歩み」編集委員会編 1991, p.29）。こうした分類は、当時の教師たちが、学力不振を生徒の社会経済的な背景をふまえて捉えていたことを物語っている。注目すべきことは、抽出促進指導の対象生徒に、炭坑離職者などを対象にした「雇用促進住宅」や「児童養護施設」に暮らす生徒など、同和地区外の生徒がかなりの割合で含まれていたことである。A中の学力保障においては、その開始当初から、同和地区と同和地区外の「格差」だけでなく、同和地区外の学力不振層にも注目した取り組みが行われていたのである。

　当時の2年生の学年通信『なかま』の「促進を始めるにあたって」（1982年5月）という記事では、次のような先輩の体験文が紹介されている。「支え合う集団」と「奪われた学力を取り戻す」という理念が直截に表現された作文である。

　　この前の土曜日、わたしが家に帰ってくると、家にカギがかかっていて、一枚の紙がテーブルの上においてありました。その紙には、こう書いてありました。

「おひるごはんはでぞこに、おかずもいつしょにはいてあります。それをでんしでんぢでぬくめてたべてください。」

　この紙をみて、私はとても悲しくなってきました。「冷蔵庫」のことを「でぞこ」、「はいって」の「っ」はぬけている。「電子レンジ」は「でんぢ」とかいてあり、ぜんぶひらがなでした。そのひらがなもきちんと書けていなかった。

　どうしてこんな字になっているのか……。そうだ、お母さんは家がびんぼうで学校へ行けなかったのだ。だからわたしは4年生の時から、インフルエンザの注射のもんしんひょうなど、いつも自分で書いていました。

　だから、わたしがHさんの家に行ったとき、そのことを話し、「学校は自分のために行くものだ」と言いました。Hさん（学校を欠席しがち）とHさんのお母さんは、とてもわかってくれたようなそぶりだった。だからわたしは次の日にHさんはぜったいに来ると思っていた。けれどもHさんは来なかった。10日たった今もなおHさんは来ない。どうしてなのか……。わたしたちの言い方が悪かったのなら、もう一度わたしは言いに行こうと思う。

　こういう決心がついたのは、お母さんの字を見てからなのだ。お母さんもどれだけはずかしい思いをしてきたのだろうか。わたしたちは、あたりまえに学校に行ってるけど、お母さんは行けなかった。それを思うと、とてもかわいそうに思います。だから、学校を休むということは、とてもぜいたくなことだと思います。

　お母さんも、経済面、わたしのことなどに関してはとてもよいのですが、この字のことに関しては、とてもはずかしい思いをしてきたのだと思います。わたしは、このお母さんに将来、親孝行したいと思います。

（「X地区解放教育30年の歩み」編集委員会編　1991、p.35）

抽出促進指導では、差別や貧困のなかで親たちが懸命に生きてきたことの認識、その認識と結びついた学ぶ意欲、そうした認識や意欲を仲間と共有することが重視されていた。「各自の立場を自覚し、自分の学力を向上させるための強い意志を持つこと」（学年会議資料）が抽出促進指導を受ける前提条件であった。

　この当時、A 中と同様の考え方にもとづく抽出促進指導は他校でも広くみられた（中野 1980）。これらは第 1 章で触れた「解放の学力」論の影響を受けたものだったが、この学力論について、池田（1999）は、後年、「解放の学力」論は実践の心がまえとして受け止められ、実践を導く学習論を欠いていたと振り返った。桂（2009）も、「解放の学力」論は理念にとどまりがちで、「教科の内容や構造に踏み込んだ学力観、学力構造、学力水準、学力分布などの分析概念の明確化による理論的構築には至らなかった」と総括し、当時の同和教育研究の限界を指摘した。

　「解放の学力」論が理論・方法よりも理念・思想を重視した学力論だったという指摘は的を射ている。教師の指導より生徒の姿勢を重視するのは教育論としては一面的だという見方もあるだろう。だが、「解放の学力」論が、学力形成を生き方の問題と結びつけることで、学力保障を同和教育の課題として定着させたことは高く評価されてしかるべきである。「解放の学力」論の歴史的限界を指摘する論が登場し、思弁的な「解放の学力論」に代わって経験的な学力研究が盛んになり、授業改革や家庭の教育力を高める取り組みが展開されるようになったのは 1990 年代以降のことである。その頃には、A 中でも教科の授業改革や人権をテーマにした総合的な学習が始まり、地域では保護者の自発的な子育てサークルの活動が行われるようになった。

(3) 教育研究集会と障害のある生徒の進路保障

　1980 年代には、A 中学校にとって 3 つの転機があった。その 1 つめは、保護者、小・中学校や地域の同和保育所の教職員、解放子ども会の指導者

などが、地域の子どもたちの現状や課題、取り組みについて話し合う「教育研究集会」が始まったことである。これ以降、学力保障の実践は、小・中学校、地域における社会教育、家庭教育、就学前教育・保育の共通課題として、当時の言葉を借りるなら「地域教育集団」(解放教育検討委員会 1975)の課題として展開されるようになった。2つめは、障害のある生徒を中心にした仲間づくりや進路保障の取り組みが盛んになったことである。3つめは、中学校や高等学校で差別的な発言やメモなどが相次いでみつかり、その反省から、人権・部落問題学習の体系化がはかられたことである。

1984年、A中の校区では、「第1回教育研究集会」が開催された。当時は、同和対策事業によって公営団地が建設され、A中学校の越境就学もなくなり、地域における「解放子ども会」の活動が軌道に乗るなど、子どもたちの生活環境と教育環境は劇的に改善されていた。しかし、学力不振、非行、高校中退といった諸課題は依然として深刻であり、この課題の解決に向けて、保育所、小・中学校、子ども会、保護者組織の連携を強化していく必要があるとの認識が部落解放運動のリーダー層や教育関係者の間で広まっていた。

教育研究集会の開催呼びかけ文(1984年4月)は、同和地区の教育課題を次の4点にわたって整理している。第一に「他地区の子どもたちとの『学力』の格差が、なかなか縮まらない」こと、第二に「生活のしんどさ(部落差別)から逃げる姿である『非行』があとをたたない」こと、第三に「『障害』児とともに生きる集団が育ってない」こと、そして第四に「あいつぐ差別事件に子どもたちがたち上がれていない」ことである(「X地区解放教育30年の歩み」編集委員会編 1991、p. 334)。

学力不振と非行の克服は従来からの課題であったが、「『障害』児と共に生きる集団」はこの時期になって浮上した教育課題である。1979年には養護学校が義務化されてそれまで就学猶予・就学免除とされてきた重度の障害児にも学校教育の機会が開かれたが、それと相前後して、養護学校では

なく地元の小・中学校への就学を求める当事者運動が各地で起きた。1980年代にはA中にも重度の障害のある子どもが通うようになり、障害者問題について学び、仲間の進路をともに考えようという生徒の会が活動を始めた。重度の身体障害のために生活介助が欠かせない友と一緒に高校に進学した生徒も幾人か現れたが、そのなかには、「輪切り選抜」と評された高校の序列構造の上位に位置する学校に入学できる見込みがあり、また、実際、高校卒業後に大学進学を果たした者もあったという（佐野 2005）。

　教育研究集会の開催呼びかけ文にあったように、当時、障害者問題に関わる学習や取り組みには学年・学級によって温度差があり、「共に生きる集団」の育成は学校全体として取り組む課題にはなりえていなかった。だが、「選抜」に抗して自発的に進路を「選択」した生徒がいたという事実は、メリトクラシーを相対化する実践が芽生えていたことを物語っており、大変に興味深い。

(4) 差別事件の発生と人権・部落問題学習の見直し

　越境就学がなくなり、地域との連携のもとで学校運営が安定してきた矢先、1985年から1986年にかけて、A中の校内で部落差別と民族差別を煽る落書きやメモが相次いで見つかった。落書きやメモを書いた者は特定されなかったが、状況から考えて生徒が書いたことはほぼ間違いがなかった。この落書き・メモ以前にも、校長の発言が差別的だとして保護者や教職員が抗議をすることはあった。卒業生が進学した高校で差別的な言動や落書きが相次ぎ、その高校の生徒たちが同和教育の充実を求めたこともあった。しかし、A中の校内で、生徒が直接の加害者・被害者となる差別事件が起きたのは初めてのことだった。

　この当時、A中では、入学早々に「A中建設の意義」を学んだり、抽出促進指導の前に「促進学活」を行ったりしていた。障害者問題や在日外国人問題など、部落問題以外の人権課題も取り上げられるようになり、3年の修学旅行では平和学習の一環として長崎を訪れるなど、人権学習の内容

は多様になっていた。そして、これらと並行して、部落問題のサークル（部）活動も盛んになっていた。だが、学年によって学習内容や取り組みにばらつきがあるのが実情だった。

　差別事件をきっかけにして、A中学校は、あらためて人権・部落問題学習（「人権カリキュラム」）の見直しに取り組むことになった。

　新しい「人権カリキュラム」では、被差別部落のフィールドワーク「地域まわり」や卒業生・地域住民・保護者からの聞き取り学習が行われた。これらの取り組みは、多様な人権課題を取り上げている点、教科や領域を横断して学習が展開される点、学校の「部落問題研究部」や被差別部落の解放子ども会の自主活動と結びついている点、学校外の人々と協力して学習が行われている点など、後年の「人権総合学習」の実践につながるものだった。こうした取り組みができるようになったのには、1985年から「子ども会担当」の教員加配が行われ、放課後等の地域活動に教員が参加して学校と地域との連携がスムーズにできるようになったこと、校区の小学校でも部落問題学習が本格的に行われるようになっていたことが影響していた。

　A中学校は「部落問題学習―『地域に学ぶ』―」と題した実践報告（1988年）のなかで、「人権カリキュラム」の見直しについて次のように振り返っている。

　　開校当初の越境問題に見られるような偏見を克服し、ようやく、7、8年前から「人権カリキュラムづくり」を進めてきた。しかし、「障害」児教育や民族教育、平和教育については、徐々に体系化を進めていったのに比べ、一番切実であるはずの部落問題に対する取り組みが遅れていた。
　　ようやく、3年前、教科や学年ごとに取り組んでいる内容をまとめ、整理して、具体的なカリキュラムづくりを進めていた矢先、「民族差別落書き」と「部落差別メモ」のふたつの差別事件がおこった。

第 2 節　確立と展開の時代―開校から 1980 年代まで―

　この事件をとおして、知識だけの学習ではなく、生徒一人ひとりの心を揺さぶり「地区」生は「地区」生として、「地区外」生は「地区外」生として、お互いに自分の立場に立って、きちんと部落問題を考えられるカリキュラムづくりと、"となりに座ってる子"の気持ちがわかるような集団づくり、しんどい子を中心に据えた集団づくりをすすめてきた。

（第 20 回大阪府同和教育研究大会現地実行委員会　1988、p. 43）

　A 中が 1988 年 2 月に 2 年生に対して実施したアンケートによると、校区のほぼ全域が同和地区の B 小学校の卒業生では「小学校の時に、部落差別について学習した」という回答が 9 割を超えているのに対して、隣接校区の小学校の卒業生ではこの回答は 1～2 割にとどまっていた。また、「今まで私立の中学校へ行ったり、越境したりした友だちがいましたか、どう思いますか」という問いに対しては、前者の小学校の卒業生では「はらがたつ、おかしい、くやしい」の回答が約 7 割だったのに対し、後者の小学校では「何も思わない」と「わからない」の回答が合わせて約 6 割だった（第 20 回大阪府同和教育研究大会現地実行委員会　1988、pp. 68-71）。

　越境就学という可視的な差別行為はなくなっていたものの、A 中の生徒の人権・部落問題学習の経験には、卒業した小学校ごとに大きな差があったといわざるを得ない。「人権カリキュラム」見直しの第一の理由は、同和地区内外の生徒の人権意識の温度差を解消することにあった。

　「人権カリキュラム」を見直す理由はもうひとつあった。それは、同和地区の生徒の部落問題認識の変化に対応することである。この頃は、公営住宅建設や道路整備などの環境改善事業は一段落つき、事業実施以前の地域の状況をじかに知る生徒はもはやいなくなっていた。劣悪な住環境、児童労働、越境就学、非識字などに象徴される「実態的差別」（同対審答申）を生徒たちが肌身で感じる機会は、明らかに少なくなっていたのである。

　いびつな校区編成で同和地区が隔離された時代、A 中が建設されて越境

第3章　A中学校の学力保障―歴史編―

就学が減っていった時代、差別事件の発生によって従来の取り組みに反省を迫られた時代を経て、当時のA中には、学校全体で組織的に人権・部落問題学習に取り組む必要性と必然性が生まれていたのだといえる。
　次に挙げるのは、地域住民の聞き取りを行った生徒の感想文である。

　　家が苦しい中、団地を建てるために座り込みをしたりして、団地ができた時、うれしかったと思います。ぼくらがこうして（団地に）住めるのは、村[4]の人たちが立ち上がって、たたかってくれたおかげです。……中略……手紙が来て文字が読めなかった時、どれだけくやしいか、ぼくにはわかりませんが、おばあちゃんの話を聞いていると、伝わってくるようです。おばあちゃんのおむこさんが亡くなって、子どもを一人で育てるのはたいへん苦労したと思います。○○さんの子どもが結婚差別を受けたとき、○○さんはすごく差別をにくんだと思います。ぼくは、差別とか受けたことがないけど、これからどういう差別を受けるかわかりません。でも逃げたくありません。
　　　　　　　（第20回大阪府同和教育研究大会現地実行委員会　1988、p.74）

　　私は、部落差別はあると歴史で勉強しましたが、特に結婚差別はよく聞きました。初めは、差別はしてはいけないこと、というふうにしか思っていませんでした。ただ「あ、そういうことがあるんだな」としか思わなかったけど、××さんの話を聞くと、本当の事をありのままに話して下さったから、差別されている人々はこういうふうに、そしてこんなふうに思うんだなと初めて知りました。……中略……私のお母さんも、この聞き取りの話を聞くと、「あまり、そういうもんに深くかかわらない方がいい」といいました。やっぱりそういう考えは、世の中にもっともっと広がっていくでしょう。でも、私はそういう考えはしてません。
　　　　　　　（第20回大阪府同和教育研究大会現地実行委員会　1988、p.75）

同和地区の生徒にとっても同和地区外の生徒にとっても、刷新された「人権カリキュラム」は、部落問題との出会い直しの場になった。特に当事者からの聞き取りは、自分のことや仲間のくらしを捉え直すきっかけを与えていたようである。
　このように、開校10数年にして、ようやくA中では学力保障と人権学習およびその土台となる仲間づくりの教育活動が定着した。次に、1990年代の「転換」期におけるA中の変化を追っていこう。

第3節　転換の時代―1990年代―

(1)「学力非常事態宣言」と地域教育運動の再出発

　1990年の春、A中学校の学力保障に抜本的な見直しを迫る出来事が起きた。それまでは9割近くあった同和地区の生徒の全日制高校進学率が、7割近くにまで落ち込んだのである。その前年の1989年に実施された学力実態調査でもA中の成績は振るわなかった。深刻な学力不振と高校進学率の低下という事態を受けて、地元の部落解放同盟支部は、「学力非常事態宣言」を出した。そして、毎年秋に開かれていた教育研究集会で、学力不振や進学率低下の原因と対策について議論をするよう、広く関係者に呼びかけた。
　教育研究集会で改めて明らかになったのは、生徒の問題行動への対応に追われる学校、生活や子育てに困難を抱えた子どもや保護者を支えきれない地域、学校に対する期待と不信の間で揺れる保護者の姿だった。学校も保護者も地域住民も、それぞれに取り組みの現状に不満を抱いてはいたのだが、互いに三すくみの状態にあったのだ。
　地域の教育保護者組織「教育守る会」[5]や小・中学校のPTA役員をつとめてきた保護者Aさんは、このときの教育研究集会を次のように振り返っている。

(筆者)その場で議論になった記憶はありますね。中学校からは家庭学習の習慣が整ってないし遅刻も多いし、授業以前にそこのところからやらないといけないというような話があって、保護者からは、でも、やっぱり授業は手薄なんじゃないかという話があって。それでお互いに自分のやれることを、やるべきことを考えようやないかって。そんな感じやったと記憶してますわ。

　(Aさん)やっぱり、1990年3月の全日制の高校進学率が7割3分に落ちたと。それがゼロ歳児からずっと同和保育・同和教育を受けてきた子どもらで、大変なことやなあと。ほんまに今までやって来たことは正しかったんかなということで問題提起してますね……中略……中学生もあんまりようなかったんですわ。なかなか教室に入れへん生徒、授業中ウロウロやってる生徒を追っかけ回して。で、静かに勉強したい子も勉強がでけへんと。学びたいと思ってる子の学力も保障でけへんし、中途半端になって、ずるずるとみんな下がってしまうようになってるんちがうかっていうような話が教研集会であって。それやったら、地域は地域で子どもたちの生活を支えよう、学校の先生も一枚岩になって学力保障にしっかり取り組んだらどうやと。そんな話やったと思いますね。

(住民Aさんへの聞き取り　2007年7月)

　教研集会では、結局、学校も保護者も地域も、これといった打開策が見出せたわけではなかった。ありていに言えば集会の結末は「痛み分け」であった。けれども、この教研集会を機に、地域の教育運動と学校の学力保障を見直す気運が高まったのも事実である。

　地域では地元の解放同盟支部の呼びかけで、1993年に子育てサークルの活動が始まった。「私たち保護者や地域の中にも教育や子育てを幼稚園・保育園・学校や青少年センターに任せるといった『依存主義』や子どもとどう向き合ったらいいのかわからないことからくる『とまどい』や

『あきらめ』など深刻な実態が現れている」(「子育てネットワーク」1997年度総会資料)との反省からである。当初、結成されたグループは、「家庭生活点検」「一芸をのばす」「大学をめざす」「親子のふれあい」「親子読書」の5つである。さらに1995年には、保護者の相互交流・相互学習をはかるための「子育てネットワーク」が発足した。「子育てネットワーク」の構成団体は、各子育てサークル、高校生・大学生の解放奨学生の保護者会、解放子ども会の保護者会、乳幼児守る会(保育園・幼稚園の保護者組織)、同和地区の周辺地域に居住する地区出身の保護者の会である。

　地域教育運動の転換には、家庭状況の変化への対応という側面もあった。当時の同和地区には、経済的にはかなり安定した生活をおくれるようになってきたものの、子育てに自信を持てずにいた保護者が少なくなかった。また、同和対策として実施されてきた義務教育の特別就学奨励費が1993年度で廃止となり、同和保育所への同和加配が1997年度から一般施策の「家庭支援推進保育」の加配へと移行するなど、同和対策事業が廃止あるいは一般対策へと移行する過渡期にあって、地域教育運動の自立と活性化を図ることが求められてもいた。

　地域で子育てサークルの活動が始まってまもない1994年、地元のB小学校の大規模改修が行われ、学校図書館が全面的にリニューアルされた。その翌年には地域の人権文化センター[6]に市立図書館の分館が設置された。これを機に、同和地区の子どもたちが通う保育所・幼稚園・小・中学校では、読書教育・図書館教育が取り組まれるようになった。同和保育所として整備された保育所では、「教材絵本」という名目で子どもの年齢に対応した絵本を保護者に無償で配布していたのをやめ、保育室の一角に絵本コーナーを設け、保護者と子どもに絵本を貸し出すようになった。B小学校では、学校図書館での本の整理や修復、子どもたちへの読み聞かせ、低学年の教科学習の支援など、保護者の自主的サークル活動と結びついた学校ボランティア活動が行われるようになった。さらに1997年には、「本」をテーマにして、中学校区の交流イベントが毎年開催されるように

なった。この頃の小学校でのボランティア活動を、先のAさんは次のように振り返っている。

> 本棚を作りにいったりとかね、図書室の。で、各学年のワークスペースに（図書室から）貸し出してきた本をベタにそのままおいても、やっぱり興味湧かへんやろいうて、表紙が見えるような棚が欲しいなあとか、余計なこという先生がおって。で、「日曜大工できるお父さん、集まって下さい」いうて、PTAで新聞出して、電気ドリルとかもったおっさんがいっぱい来て、バーって作るんです。……中略……そういう感じで動いてる、動ける層は、誰かが声かけたらやっぱり動くんですね。
>
> （住民Aさんへの聞き取り　2007年7月）

学校ボランティアや保護者のサークル活動は、女親中心の活動ではあったが、男親たちの出番も意図的に仕掛けられていたのである。このように、子どもの教育に対する保護者の関心を喚起し、学校内外の教育活動への参加をうながす活動が活発になっていく一方、経済的にも日々の子育てにも大きな困難を抱えた保護者への支援は、手詰まり状態に陥っていった。Aさんは次のようにその事情を語っている。

> 別に切り捨てたという感じじゃないんですけど、とりあえずサークル活動をまず立ち上げたんです。それはそれでそれぞれのグループが勝手にやりよると。あとやっぱり、「教育守る会」があったときでも、ほんまにしんどい層は「守る会」の集会にもなかなか来ないんですよね。そこの支えを誰がするんかっていう議論はずっとしながら、でもなかなか手がついてなかったように思いますね。……中略……ほんまにしんどい層の生活の支援は解放同盟、運動がやらなあかんというふうにしてるけど、その中心になってるメンバーがサークル活動に入っ

てるもんやから、ちょっとそこはおろそかになったというのはあると思いますね。

(住民Aさんへの聞き取り　2007年7月)

　保護者の互助による生活・子育て困難層支援はうまくいかなかった。その後、活発に活動していた保護者サークルの多くも、世代交代がうまくいかずに自然消滅してしまった。生活や子育てに特に大きな困難を抱えた家庭に対する支援は、今に至るまで未解決の課題である。次の章で述べるように、現在のA中学校では、子ども・家庭支援のための新しいシステムを模索している。

(2) 教科の授業づくりと参加・体験型の人権学習
　教育研究集会での保護者・地域住民との激しいやりとりの後、A中学校とB小学校は、学力保障のあり方を抜本的に見直した。見直しの焦点に据えられたのは、普通学級(原学級)における授業づくりである。A中学校とB小学校とが共同でまとめた研究冊子では、授業研究に本腰を入れることを決断した理由を、次のように述べている。

　　これまでも「低学力」の克服に向けて抽出促進授業や二分割授業、テスト前学習、補充学習など、それぞれの教師が様々な取り組みを重ねてきました。しかし、個々の成果をあげはしているものの、学校全体として目に見える成果を上げるには至っていません。それは、原学級の授業そのものが子どもの実態にあっているかということが十分に検討されないままにここまでやってきた結果ではないかと考えられます。それは日々の授業が子どものやる気や自信を育てきれていないのではないかという反省を促します。このような学校としての取り組みの弱さを克服しなければなりません。

(A中学校・B小学校　1995、p. 30)

A中学校とB小学校で、当時、授業改善の手立てとして導入されたことは2つある。1つめは班を活用した学習、2つめは「調べ学習」である。

　班活動には次のようなねらいがあった。ひとつは、メンバー同士の「教え合い」を促し、あらゆる生徒の授業への参加を促すことである。もうひとつは、学習の課題に応じて学習集団を柔軟に編成することである。A中では、1995年から「A中タイム」と呼ばれる学校裁量の時間が始まった。「A中タイム」には人権学習や修学旅行などに関わる班活動が行われたり、習熟度に合わせたコース選択学習が行われたりした。当時、市内でこうした少人数指導に取り組んだ中学校は他になかった。

　一方、B小では、読書教育・図書館教育と結びつけた「調べ学習」が行われるようになった。「調べ学習」では、「絵をかく、文章にまとめる、発表するなど、どこかの場面で自分の長所を生かすことができ」、「すべての子どもに参加の場ができ、自信とやる気を育てられる」（B小の研究冊子）との考えからである。A中の人権学習においても、地域住民への聞き取りやアンケート、フィールドワークなどをさらに充実させ、生徒による「調べ学習」中心の学習へと転換が図られた[7]。

　第2章で述べたように、この時期、A中やB小をはじめとする同和教育推進校[8]では、学力・進路保障の行きづまり状況を打破すべく、学習者の意欲や主体性を重視する実践が広まっていた。学習に対する意欲や主体性は、「解放の学力」論においては学習に向き合う姿勢として論じられていたが、1990年代の終わり頃からは学習そのものを通して育まれるべき資質として論じられるようになったのである。学習観の転換やカリキュラム改革を後押ししたのは、海外の「参加・体験型学習」の理論の紹介（解放教育研究所 1997b、森 1998、阿久澤 1999）や実証的研究にもとづく「自尊感情と学力」論（池田 2000b）であった。

　当時、「関心・意欲・態度」といった非認知的・態度的側面を重視する「新しい学力観」への転換が叫ばれていたことは、上で述べたような授業改革の追い風になった。同和加配による人的条件整備があったことも見逃せな

第3節　転換の時代—1990年代—

い。例えば、A中が1993年11月に作成した『1994年度「同和」教育推進のための教職員加配について（要望）』では、翌年度（1994年度）の全校生徒数324名、基準学級数11（うち養護学級2）の見込みに対し、20名の加配が要望されている。その内訳は同和主担1名、35人学級実現のための引き下げ加配2名、養護教諭1名、解放子ども会の活動や保護者の活動との連携にあたる地域担当3名、学力保障担当10名、進路担当1名、副同担1名、事務職員1名である。学力保障関連の加配が多いのは、国語科と数学科で抽出促進指導と入り込み促進指導（複数教員による指導）、英語科で二分割授業と入り込み促進指導の少人数指導を行うとともに、人権・部落問題学習で調べ学習やフィールドワークをきめ細かく指導する必要があったためである。

(3) 学校全体の学力不振

　A中では、開校以来、同和地区の生徒だけでなく様々な事情で社会的に不利な立場におかれた生徒の学力の保障をめざしていた。同和地区の隣接地域にも、経済的に困窮した世帯、ひとり親世帯、児童養護施設に暮らす生徒などが多かったからである。

　A中の同和加配の要望書（1993年11月）によると、全校生徒のうち、就学援助を受けている生徒（生活保護と準要保護の合計）は91名（27％）にのぼった。就学援助率は同和地区の生徒で34％、地区外の生徒で23％と、約10ポイントの格差があった。ただし、1990年代初め頃の大阪府の就学援助率（小学校・中学校）は10％台前半だったので、同和地区の周辺地域でも、生徒の経済状況は非常にきびしかったといえる。

　生徒の社会経済的背景を反映して、抽出促進指導の対象者には同和地区外の生徒が多く含まれていた。1993年度の1年生についてみると、国語科では対象者11名中7名、数学科では対象者9名中7名が同和地区外の生徒だった。なお、英語科では「抽出促進指導」は行わず、「二分割授業」と「入り込み促進指導」を行っていたので、数学科・国語科のような対象

者はいなかったが、学力状況は数学・国語と同様であった。当時のA中学校の教職員加配要望書（1993年11月）には、次のような記述がある。

> 学力の実態においては、「地区」生徒の学力の低位性は根本的には変わっていないが、それに加えて「地区外」生徒の低学力の問題が深刻さを増している。本校の場合、抽出促進対象生は「地区」生徒にかぎらず、被差別の立場や困難な生活の中にあり、そのなかで自覚と意欲を希望する生徒についてもその範囲を広げてきたが、ここ数年、「地区外」生徒の中に入学時の学力状態が特に低い生徒が多くみられるようになり、抽出対象生は「地区」生徒より「地区外」生徒の方が多くなってきた。「地区」生徒の学力が上がってきたというよりも、学校全体の学力低下という深刻な事態になっている。
>
> このような状況の中で1対1というような個別の指導では、学力対策の必要な生徒を網羅することはとてもできない現状になっているので、「生徒集団の力を生かす」授業や活動を創っていこうという方向に昨年から動き出している。

A中学校は、「学校全体の学力低下」に危機感を募らせ、抽出促進指導に限界を感じていた。極端に学力の低い生徒があまりに多いため、マンツーマンに近い形で実施する抽出促進指導では学力不振の生徒の指導が追いつかないのである。「原学級」における授業改革は、A中学校が必然的に迫られた課題だったのである。

同和地区外の生徒の学力低下とそれに引っ張られるかたちで起きた「学校全体の学力低下」の背景には、校区における「格差」の構造的な変動があった。この当時、A中の校区では、同和対策事業によって市営団地が建設され、地区の住環境は大きく改善されていた。民間企業や市役所の安定した仕事につく人も増えていた。一方、同和地区に隣接する地域には家賃の安い民間借家が増え、低所得者層の流入がすすんだ。生活水準や住環境

第3節　転換の時代―1990年代―

における同和地区と地区外の格差はかつてよりも目立たなくなったが、同和地区における階層分化や同和地区の周辺地域における貧困が次第に顕在化していったのである。

　当時、同和対策事業で建設された団地に入居し、子どもがA中学校に在籍していたBさんは、わが子が中学入学後に友人宅に遊びに行ったときの驚きを、次のように振り返っている。

> 　うちの子どもが、中学校になって初めて隣の小学校の子と友だちになって遊びに行ったら、アパートやって、母子家庭やったんですよ。お風呂もない、ガスコンロもない。カセットコンロやったんですって。子どもが帰ってきて、「お母さん、誰々さんとこの家はな、コンロないねん。カセットコンロやねん。あんなん、団地の方がいい」って。その時は団地も新しかったんで、15年ぐらい前から。「団地の方がお風呂もあるし、綺麗やし、絶対おかしい」って。「ほんまやなあ」って話をしたんですけど、そんなアパートってけっこうあるんですよ。で、そこの家、私は心の中で「〔ガス料金が払えずに〕ガス止められたからカセットコンロやったんちゃうんかな」と思ったんですけど、子どもには何も言わなかったんですけど、「そうなん？」て、話を流したんですけど、やっぱり、家賃安いアパートがいっぱいあるということは、その子たちもしんどいんやなと、A中の生徒をみてて思います。
>
> （住民Bさんへの聞き取り　2011年12月）

　この後、A中学校は、第2章で触れた2001年の学力調査の協力校となった。この調査では、学力の全般的低下が社会集団間（同和地区・同和地区外、通塾層・非通塾層など）の格差拡大を伴って生じていること、同和地区の学力分布のばらつきが大きくなって「ふたこぶらくだ型」の分布になりつつあることが明らかとなった。だが、A中の状況はこのような全体的な傾向

とは大きく異なっていた。集団間の格差拡大よりも学校全体の学力不振が大きな課題になっていたのである。

2001年の学力調査の平均得点は、調査対象校全体では、国語が67.0点、数学が63.9点だった。対してA中学校の平均得点は、国語が63.3点、数学が52.8点である。調査対象校11校中、国語は8位、数学は11位という結果であった。1990年代のはじめにA中の教職員が直感していた「学校全体の学力低下」という状況は、その後も変わっていなかったのである。

図9は、2001年調査におけるA中の数学の得点分布である。70点以上の生徒の割合は同和地区約21％、地区外約33％であり、後者の方が高い。平均得点をみても、同和地区は49.2点、地区外は55.1点であり、後者の方が高い。同和地区の学力不振は相変わらず深刻だったといえる。

一方、同和地区外の生徒には、平均点では把握できないような課題があった。それは学力分布がくっきりと二極化していたことである。図に示

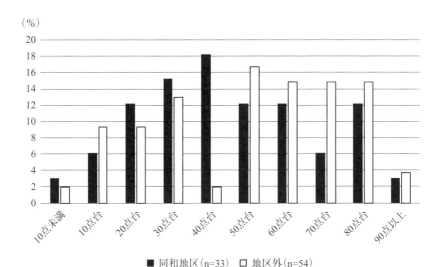

図9　A中学校の数学の得点分布（2001年）（単位は％）

したように、地区外では、40点台を境にして、低得点層と高得点層がはっきりと分かれている。極端な学力不振層（10点未満・10点台・20点台の合計）に注目してみると、その割合は同和地区と同等の約21％である。

　次の節では、「学校効果」の共同研究（鍋島他 2005a、2005b）の一環としてA中学校とB小学校で行ったフィールド調査をもとに、2000年代の両校の教育実践をみていきたい。B小は、校区のほぼ全域が同和地区の学校である。このときの共同研究では、2004年2月に小学5年生と中学2年生を対象とする学力テスト、生活状況・生活意識に関する質問紙調査、学校での取り組み状況に関する質問紙調査を実施した。調査協力校は、小学校27校、中学校26校である。

　学力調査と質問紙調査の後、2004年9月から2005年12月まで、共同研究者が手分けして、学力格差の縮小効果が認められる学校とそれが認められない学校でフィールド調査を行った。筆者は、格差縮小の効果が認められない学校の事例としてA中とB小の調査を受け持った。調査期間中は、それぞれの学校を月に2回程度訪問し、参与観察や教職員への聞き取りを行った。なお、以下の記述は、第二次報告書（未刊）のために執筆した原稿をもとにしている。

第4節　模索の時代─2000年代─

(1) 子ども・地域・教職員組織の変化

　同和対策事業の終結が間近に迫っていた1995年度、大阪府教育委員会の事業として「ふれ愛教育推進事業」が始まった。この事業の趣旨は、家庭教育支援や校種間連携を通じて中学校区の教育活動を活性化させるというもので、事業は校区に同和地区を含む地域を中心に社会経済的にきびしい状況にある地域で実施された。2000年度にはこの事業の後を受けて「総合的教育力活性化事業」が始まった。この事業は、1999年の大阪府社会教育委員会議提言「家庭・地域社会の教育力向上に向けて─教育コミュニ

ティづくりのすすめ―」をふまえ、教育を基軸とした新しいコミュニティづくりを目指すものだった。

　2つの事業の実施期間は、ちょうど「総合的な学習の時間」の試行期や学校5日制が月2回から毎週へと移行する時期と重なり、地域住民・保護者の学校ボランティア、学校関係者・地域住民・保護者の相互交流、子どもの遊びや体験活動、子育て支援の活動などが盛んになった（池田 2001、髙田 2005、2007）。

　A中校区では市内の先頭を切って「総合的教育力活性化事業」を導入し、2000年にはその推進組織「地域教育協議会」を発足させた。協議会には「家庭支援委員会」が設けられ、特に大きな困難に直面した家庭について教員や地域の代表、子ども家庭センター（児童相談所）のスタッフが意見交換を行い、支援の具体策を検討する体制が作られた。地域教育協議会は今も活動を続けており、近年は、スクールソーシャルワーカーが家庭支援委員会に随時参加するようになっている。

　A中校区は2001年度から2003年度にかけて文科省の「人権教育総合推進地域事業」の研究指定を受けた。この頃からA中とB小は小・中学校の人事交流を始め、中学校教員が小学校に異動して小学6年生を担当し、児童の中学校入学と同時に中学校に戻るという人事異動の仕組みを導入した。さらに、2004年度にA中校区は文科省の「問題行動に対する地域における行動連携推進事業」の指定を受け、2005年度にB小は大阪府教育委員会の「確かな学力向上のための学校づくり」拠点校になった。

　1990年代の後半からの約10年間は、同和地区や校区に同和地区がある学校を対象とする同和対策事業が縮小・廃止された時期と重なっている。この時期、A中とB小では、上で述べたような様々な事業を導入していたものの、学校の人的なリソースは減少し、地域の教育運動は求心力を失い、子どもたちの生活・学力・進路状況は以前にも増してきびしくなっていった。以下、児童・生徒、学校、地域教育運動の変化をくわしくみていこう。

第 4 節　模索の時代―2000 年代―

表 9　A 中の生徒の社会経済的背景（1993 年～2004 年）

	1993 年度		2004 年度	
	人数	%	人数	%
生活保護世帯の生徒	25	8.2	32	11.0
準要保護（就学援助）世帯の生徒	66	19.8	85	29.1
ひとり親・両親不在家庭の生徒	73	21.0	88	30.1
同和地区の生徒	106	31.9	―	―
外国籍の生徒	19	5.7	―	―
児童養護施設の生徒	7	2.1	11	3.8
全校生徒数	333		292	

（―は、記載のない項目。）

　表 9 は、1993 年度と 2004 年度の教職員加配要望書の記載内容をもとに、A 中の生徒の社会経済的状況の変化をまとめたものである。1993 年度から 2004 年度までの約 10 年間で、全校生徒数は 41 人減った。生活保護・準要保護世帯、ひとり親・両親不在家庭の生徒はいずれも増え、これらの生徒が全校生徒に占める割合は大きく上昇した。学校の規模が縮小するなか、A 中には社会経済的に困難を抱えた生徒が集中するようになっていったのである。なお、2001 年度に国の同和対策事業が終結して以降、同和地区の生徒数は公式には把握されなくなったが、地区に住む生徒が全校に占める割合は、3～4 割で推移して現在に至っている。

　地域教育運動もかつての勢いを失った。1990 年代の後半は A 中校区の地域教育運動の大きな転換期であった。同和地区の保護者組織「教育守る会」と「保育守る会」は解散し、保護者の主体性や多様な要求に依拠した「保護者グループ」が活動を始めた。当初作られた保護者グループは、「家庭生活点検」「一芸を目指す」「大学を目指す」「親子ふれあい」「親子読書」の 5 つだったが、「親子読書」以外のグループは自然消滅し、保護者グループの少し後に結成された「子育てネットワーク」もその実体を失っていた。小・中学生の解放子ども会活動も、同和対策事業によって設けられた社会

第3章　A中学校の学力保障―歴史編―

同和教育指導員による指導から地域ボランティア・保護者による指導への移行を図ったが、結局はうまくいかず、小学校高学年や中学生の日常的な地域活動はなくなっていた。特に大きな困難を抱えた子どもと保護者に対する支援がうまくいかなくなっていたことは先に述べたとおりだが、加えて「守る会」の解散やサークル活動の失速によって保護者同士の交流の機会も減り、学校ボランティアは停滞に陥った。

　教職員組織も変化した。特に大きな変化は、人的なリソースが質量ともに充分でなくなってしまったことである。2004年度のA中では、教員30名中、A中での勤務経験が10年以上の者は4名、4年目～9年目の者は4名、のこりはすべて3年目以下の者だった。地域連携担当と35人学級のための引き下げ加配は廃止となり、学力保障関連の加配は、国の第七次定数改善計画による加配だけになっていた。2004年度の加配は、同和加配が廃止されて新たに設けられた児童生徒支援加配が3名、少人数指導などにあてる「指導方法工夫改善」の加配が3名、生徒指導の加配が1名、初任者指導担当の加配1名（他校との兼務）、事務職員の加配1名である。加配教職員の総計は、10年前の約半分になっていた。

　A中の職員構成には、初任者や他市町からの転任者が多く、中堅層が少ないという特徴があった。それには市教委が希望調査にもとづいて人事異動を行っていたことが影響していた。市内では、もともと、学習指導や生徒指導に困難を抱えていると見なされてきた学校への転任希望者は極めて少なかった。それでも長年の間A中に勤務してきた教師の献身によって学校はなんとか運営されていたが、2000年頃からベテラン教師の定年退職や他校への転任が一気にすすんだ。かわりにA中に赴任してきた転任・初任の教師の中には、赴任後1、2年で学校を去る人が少なくなかった。B小の職員構成も、A中と同様の事情から、初任者や他市町からの転任者が非常に多くなっていた。A中でもB小でも、中堅層は極めて薄くなり、多数の初任者・転任者層とごく少数のベテラン層の意思疎通はスムーズにできなくなっていた。

当時の A 中と B 小では、教職員の組織力は明らかに低下していた。地域や保護者からの学校への支援・協力も得られにくくなった。こうして、「原学級」における授業改革や家庭教育の充実を図る運動は、行き詰まってしまったのである。

(2) 問題行動の多発―A 中学校―

2004 年 2 月に「学校効果調査」として実施された学力調査では、平均点ではなくある基準以上の得点をとった児童・生徒の割合を「通過率」と名づけ、これで各学校の学力を比較した。学力の「底上げ」という観点から、各校の教育実践やそれを支える学校組織を分析するためにである[9]。A 中の国語 55 点の通過率（55 点以上をとった生徒の率）と数学 55 点（55 点以上をとった生徒の率）の通過率は、それぞれ 61.6％と 39.4％だった。調査校全体の国語の通過率は 63.5％、数学の通過率は 60.1％である。A 中の通過率は、国語では調査校全体とほぼ同じだが、数学では落ち込みが非常に大きかった。

学力格差については、2001 年の調査（第 2 章第 2 節参照）と同じ質問項目と手続きで作った指標「文化階層」「学歴階層」「通塾」で把握した。その結果は表 10 の通りである。表の中で、左側の数値は、学歴階層が大卒、

表 10　A 中における学力格差（2004 年）（単位は％）

		国語 55 点通過率		数学 55 点通過率	
		有利	不利	有利	不利
学歴階層（大卒・非大卒）	A 中	52.2	57.7	52.2	34.7
	調査校全体	68.6	46.7	73.9	49.9
文化階層（上位・下位）	A 中	66.7	44.7	75.0	31.0
	調査校全体	67.7	40.3	73.2	47.5
通塾（通塾・非通塾）	A 中	64.9	60.0	48.6	33.3
	調査校全体	67.8	57.8	69.8	45.5

文化階層が「上位」、通塾しているグループの通過率を、右側の数値は、非大卒、文化階層が「下位」、通塾していないグループの通過率を示す。左側は右側よりも学力を身につける上で有利な環境にあると想定しているグループである。

　A中の場合、国語では有利な環境にあるグループ（大卒・文化階層上位・通塾）と不利な環境にあるグループ（非大卒・文化階層下位・非通塾）の通過率の格差は小さく、不利な環境にあるグループの通過率は調査校全体を上回っていた。ただし、学力形成に有利な環境にあるグループの通過率はかなり低いので、格差が小さいからといって学校の「効果」が現れているとはいえない結果であった。一方、数学は全般的に不振であり、学力形成に不利なグループでは通過率の低さが際立っていた。

　この頃のA中では、生徒同士のトラブルや器物破損が断続的に起き、授業が成立しにくい状況が生まれていた。そうした可視的な問題行動以外にも、授業中に携帯をいじったり漫画を見たりしている生徒が少なからず見受けられた。3年生の2学期後半あたりともなると、多くの生徒が高校進学を意識して学級での問題行動が減少していく。だが、このような学級の雰囲気の変化になじめない生徒は、教室を抜け出すことが常態化していた。

　A中で生徒の問題行動が増え、授業が成立しにくくなったことには、次のような要因が影響していた。第一に、生徒たちの学習意欲を支えてきた仲間づくりが難しくなったこと、第二に、教師への不信感を抱いた生徒が増えたこと、第三に、学習指導の組織体制が崩れてしまったことである。さらに、これらの直接的要因の背景には、生徒の生活状況の悪化と教職員組織の不安定化（加配の減少、初任者の増加、頻繁な転任）という地域や教職員組織が抱える構造的な問題が横たわっていた。

　まず、生徒同士の仲間づくりをめぐる困難について述べたい。A中校区の児童・生徒の気質については、A中でもB小でも、教師たちは、異口同音に「人なつっこさ」を指摘していた。

B小に来たときに感じたことですけど、すごく人なつっこいって思ったんです。ほんとに人が好きだと思うんです。自分が愛されてる、愛されてない、いろいろあると思うんですけど、人との関わりがすごく好きな子どもたちだと思うんです。

　　　　　　　　　（B小学校教員（20代）への聞き取り　2005年6月）

　A中の子たちをみてると、寂しがりやじゃないかなっていうか、なんか、誰かと関わっていたいというか、自分をいろんな方法でアピールしようという子が多いと思うんです。小学校だったら（学級の）担任との関わりがすごくあったのが、中学校になるとそれが少ないから、ある意味で寂しさもあるのかなあという気もするんです。

　　　　　　　　　（B小学校教員（30代）への聞き取り　2005年6月）

　僕がA中に来た頃は小学校の頃に仲間作りができてたから、わりと色んな取り組みもしやすかったんですよ。解放子ども会があったりとかリーダーがおったりして。人権カリキュラムもまわってて、そういう子らが前にも出てましたし……中略……でも、子ども会がなくなったり地域のシステムが変わったりとかで、そういう自己表現をする場がないので、今までそういう子ども会の中で、活動の中で、自己表現してて、自分の立場とか出したりもしてたんですけど、そういう出す場がなくなってしまって、荒れという形で表現しだした。……中略……しんどい子も、仲間づくりができていた時は、自己表現する場があったから授業にものってくれたんです。でも、今の子は自己表現する場がないから、逆にクラスの子に攻撃的な表現をしてしまって。それで仲間づくりができないという悪循環になってしまってるんです。ちがう形で自分の存在をアピールするんですね。

　　　　　　　　　（A中学校教員（40代）への聞き取り　2005年10月）

1人めは近隣市での講師経験を経てB小に初任者として赴任して4年目の教師、2人めは他県での講師経験を経てB小に初任者として赴任して3年目の教師、3人めはA中学校に10年以上勤務していた教師である。教師としてのキャリアは、文字通り、三者三様なのだが、期せずして3人の子ども観は共通している。「人が好き」であるが故に「自分をアピール」する子どもたち。「人との関わり」を求める気持ちは人一倍強いのだが、その気持ちは、いつも率直に表現されるわけではない。時にそれは級友に対する暴力や暴言といった形で表現され、人間関係に悪影響を及ぼしていた。

筆者がフィールド調査をはじめて間もない、2004年秋のことである。授業が始まる直前、ある教室で、生徒が突然、教室後方の黒板に「○年○組みんなアホや」と殴り書きをした。直前に友達とのトラブルがあったらしく、その生徒は明らかに苛立っていた。だが、周りの生徒は誰もその生徒に声をかけない。落書きも放置されたままである。落書きを書いた生徒は授業が始まる前に教室を出ていってしまった。この生徒のことを後でほかの生徒に尋ねてみると、「いっつも、ああやねん」との返事である。「自分ら、アホって言われてるんやで」とさらに問いかけてみたが、生徒からは「もう、ええねん」との返事が返ってきた。先の教師の言葉を借りるなら、「みんな、アホや」という落書きはその生徒なりの「自己主張」なのだが、周囲の生徒はその「自己主張」にうんざりしているようであった。

当時、A中の教師からは、生徒たちについて「人との関わり方がちゃんとわかってない感じがする」（A中学校人権教育担当）という趣旨の意見が多く聞かれた。B小の教師にも「言葉づかいが乱暴」「思わず手が出てしまう」「よくない人間関係に流されやすい」「優しい気持ちをもっているのにそれをよう表さない」といったことを指摘する声が多かった。「人が好き」で「誰かと関わっていたい」という気持ちがあってもコミュニケーションがうまくできないので、生徒間のトラブルがなかなか解決しなかったり、仲間からの誘いを断り切れずに「パシリ（使い走り）」にされる生徒が出てきたり、人間関係から生じるストレスから教室に入れなくなる生徒

が出てきたりしていた。

　次に、生徒と教師の信頼関係をめぐる困難について述べたい。この頃、A中では、授業中に携帯電話をいじったり机を並び替えてしゃべったりする生徒がめだっていた。だが、初任者や転任者の生徒への対応は及び腰になりがちであった。中には頭ごなしに叱って生徒に反発されたり無視されたりする教師もいた。A中の勤務経験の長い教師のなかには、部活動や趣味のサークルなどを通して生徒との関係を構築している人もいたが、それらは学校全体の組織的な実践にはつながっていなかった。当時のA中では、多数を占める初任者・転任者とA中での勤務経験が長い教員とを橋渡しする中堅層がほとんどいなかったからである。生徒との関係に悩む教師は互いに孤立し、教師としての自信を喪失していた。次に示すのは、A中での勤務経験が長かった、あるベテラン教師の声である。

　　〔授業をまわすのは〕苦しいですね。教員構成も関わってると思うんです。転勤してきた人や新任できた人は、子どもたちを目の前にしてすごい戸惑ってるんです。今までのやり方が通用しない。自分のもってるイメージとちがう。自己変革せなあかん、でも中堅層がいてないので、そういう引き継ぎもできない。

　　　　　　　　　　　（A中学校人権教育担当への聞き取り　2005年10月）

　仲間に対する攻撃や教師に対する反抗の根底には、心理学でいう承認欲求にあたる感情が横たわっていたと考えられる。自己の価値を認められたいという願いが強いがゆえに、「アピール」する生徒たち。その「アピール」に期待した対応がなされないときには、裏切られたという思いから、様々な問題行動が表面化するのである。次の校長の証言は、そうした生徒の気持ちを代弁している。

　　子どもらみてたら、ようわかるんです。もっと遊んだり関わったり

したらなあかんというのをね。……中略……この前も林間（学校）に行った時ね、大きい女の子ですよ、2年の。ホンマ考えられんことやけど、嬉しそうに抱きついてきてね。おとなに甘えるってこと、できてないんかなって。中学校の段階でどうなんやろって。3年の先生もヤンキーの子にチューして、そんなんしてもらって生徒はニコーッと嬉しそうな顔してますもんね。

（A中学校校長への聞き取り　2005年9月）

　当時のA中が直面していた困難の3つめは、学習指導の体制が崩れてしまったことである。A中では、1990年度の1年生から、英語科でひとつの学級を2つに分割する「二分割授業」を始めた。学習集団を小さくすることによって音声と文字の対応など英語学習の初期でつまずきやすい箇所の指導を丁寧に行ったり、話したり聞いたりする活動を活性化させたりするためである。その後、少人数指導は数学と国語にも導入され、チームティーチングも試みられた。学習集団を小さくするだけでなく、班活動を導入して「調べ学習」をすすめるなど、学習自体のあり方を変える試みも行われていた。

　以上で述べた取り組みができたのは、各学年に複数の学力保障担当教員を配置していたからである。ところが、2000年代、A中では、加配教員が大幅に減少し、従来の学習指導の体制が組めなくなっていった。少人数の分割授業、チームティーチング、別室指導などは続いていたものの、学習指導の体制は学年ごとにまちまちになり、年度の途中で指導体制が変更されることもあった。

　こうして、生徒の仲間づくり、生徒・教師間の信頼関係づくり、学習指導体制の動揺が相まって、生徒の問題行動が増えていったのである。

(3) 総合学習か教科か―B小学校―

　2004年2月の学力調査では、小学校の「通過率」の基準を、国語は70

点、算数は60点で設定した。そして、この基準ラインを越えた児童の割合でもって、各校の学力状況を把握した。B小学校の国語と算数の通過率は、それぞれ29.2%と37.5%である。調査校全体の国語と算数の通過率は、それぞれ63.2%と56.3%である。B小の通過率は、国語・算数とも著しく低く、調査校27校中、国語は最下位、算数は下から2番目だった。このように学校全体の学力水準が低かったことには、B小の子どもたちの階層的低位性が影響していた。保護者の大卒率と文化階層「上位」の率は、それぞれ18.8%と10.4%で、全調査校中、前者は下から2番目、後者は下から5番目だった。

次の表11は、A中学校（表10）と同様の手順でつくった、B小学校内部での学力格差を示す表である。一部（算数の「学歴階層」「文化階層」）で学力形成に有利なグループと不利なグループの通過率が逆転しているが、それは前者のグループの通過率が極端に低いからである。B小では校内の学力格差もさることながら、学校全体としての学力不振が大きな課題だったといえる。

表11 B小学校における学力格差（2004年）（単位は%）

		国語70点通過率		算数60点通過率	
		有利	不利	有利	不利
学歴階層（大卒・非大卒）	B小	55.6	23.1	33.3	38.5
	調査校全体	75.1	57.2	69.5	49.5
文化階層（上位・下位）	B小	40.0	31.8	20.0	50.0
	調査校全体	73.6	53.0	66.9	46.5
通塾（通塾・非通塾）	B小	35.7	26.5	64.3	26.5
	調査校全体	73.7	55.8	68.0	48.0

では、教師たちは、子どもたちの学力実態をどう認識していたのか。次に示すのは、当時、低学年を受け持っていた教師たちの声である。

うちの学校では3パターンあるんです。指でこうやって出して、直感でぱっとみて「3」やってわかる子と、「いち、にい、さん」って数えてわかる子と、「かず」って何のことかわからない子と。

(B小学校教員（研究部長）への聞き取り　2005年6月)

　算数で「ちがいはいくつ？」っていうのを今やってて。そうすると、「ちがい」の意味がわからない。でも、確かに「ちがい」っていう言葉なんか日常生活で使わへんな、赤と青で「ちがう」っていうのは使うけどって、（教師の間で）話してるんです。……中略……8と5を並べて「ちがいはいくつ？」って言われると、3なんですよね。で、大きい方は8、小さい方は5っていうのもわかるんやけど、それが「8引く5」に結びつかない。「じゃあ、式を言ってみましょう」って言ったら、隣のクラスでは「しき！」って言った子がいたらしくて。

(B小学校教員（1年生担任）への聞き取り　2005年6月)

　高学年になると、子どもたちの学力不振は、「点数がとれない」現象として顕在化する。しかし、学力不振の兆候は、学力が計測可能になる以前から、小学校入学時点からすでに現れている。数や量を直感的に把握できないこと、ひらがなの文字と音声の対応関係を理解できないこと、学習場面で使われる言語と日常生活で使われる言語の違いに戸惑っていることなどである。これらは就学前の生活経験の乏しさに起因するものであり、通常、教師たちはそれらを意識しないままに学習指導をすすめているものだが、B小に初任者・転任者としてやってきた教師の中には、このような子どもたちの姿にとまどう者が多かった。

　小学校低学年期の国語・算数の基礎学力保障については、1970年代の「民主的編成」運動の時代から実践的研究が行われ、「くぐらせ期」という考え方にもとづいた独自教材集が開発され、それを用いた指導が工夫されてきた（仁田 1980、太田 1980）。2000年代のB小学校でも「くぐらせ期」

第 4 節　模索の時代—2000 年代—

の教材は知られてはいたが、教職経験の浅い教師が大半を占めていたため、教材を使いこなすまでには至っていなかった。

　前節で触れたように、1990 年代後半以降、A 中校区では、図書館教育・読書教育に力を入れてきた。それには読書を通して幼児期から親と子のつながりを作ったり、読み聞かせボランティアや親のサークル活動を活性化させたいという願いが込められていた。また、中学校からは、小学校で「詰め込まれた」学力が中学校で「剥落する」のは、子どもたちがすすんで学ぶことが少ないからだという指摘もあった。そこで、図書館教育・読書教育を進めるにあたっては、みずからすすんで本を読んだり、年下の子どもたちに本を読んでやる経験を通じて、子どもたちの自己肯定感や学習意欲を高めるというねらいが設定された。図書館教育・読書教育に対しては、家庭教育の充実や非認知的な面への効果が期待されていたのである。

　このような学校改革・地域教育改革が改革が行われたのは、ちょうど「新しい学力観」や「生きる力」という言葉が広く知られるようになった時期でもあった。

　「自信とやる気を核にして、自己教育力の育成をはかる」。これは 1994 年〜1995 年度の B 小の研修テーマである。1998 年ごろからの「総合的な学習の時間」の試行期においても、B 小は、この時間を活用した「人権総合学習」に先駆的に取り組んでいることで、大阪府内でもよく知られた存在だった。

　しかし、2004 年の秋に筆者が B 小でフィールドワークを始めた頃には、「調べ学習」での図書の活用はあまり行われなくなっていた。保護者による読み聞かせボランティアもいつの間にか途絶えていた。図書館教育・読書教育と「人権総合学習」のたどった経緯を、あるベテラン教師は次のように語っていた。

　　家族 10 分間読書っていうの、毎年 11 月頃にやってるんですよ。一週間ぐらい、家で親と子と一緒に本を読んでもらうっていう週間で

ね。それを子どもたちにカードに記入してきてもらうんやけど、それを去年全部見せてもらって、分析させてもらったんやけどね、70％ぐらいの子どもの家では読まれてるんですね。で、親もね、親子の読書についていっぱい書いてくれてるんですよ……中略……でもあと残りの30パーセントの子どもたちの家ではね、ほとんど読まれてないっていう状況もあるんですよ。まあ、でも7割ぐらいは定着してきた。それはすごくいいことやと思うんですよ。そやから、今後もこれ、続けていったらいいんです。あと残りの30パーセントの子ども、それが問題なんですよね。読書教育やってきた効果は出てると思います。そういうところで定着してるしね。ただね、子どもにどんな力がついたんかはね、わからないんですね。

（B小学校教員（図書担当）への聞き取り　2005年9月）

　最近の問題点としては、初任者の若い先生ばかりの中で、人権総合学習をやってきたんですけども、教師としての力量もまだ充分についておられない先生方ですんで、人権総合学習の深まりもそれほどないように思うんです。で、やっぱり授業の組み方自体も、授業の捉え方自体も、まだ充分でない先生方が、今、沢山おられるというのがうちの学校の実態やと思います。人権総合学習もずっと、98年頃からずっと続けてきてますけど、内容も固定化してきて、あまり変わりばえのない様子になってきて。

（B小学校教頭への聞き取り　2005年6月）

　読書教育はすべての家庭には浸透しなかった。読書教育の浸透度には階層的な偏りがあったことがうかがえる。一方、学校では、教職員の異動と若返りに伴って「人権総合学習」は形骸化し、教科の学習指導の質も低下した。B小の学力保障は「虻蜂取らず」の状態に陥ってしまったのである。こうして、B小は、当面の差し迫った課題として、算数科における基礎学

力保障に力を入れることにした。

　おりしも2002年度、B小には、小学校と中学校の人事交流事業に伴って、A中から数学の教師が赴任していた。この教師は、1時間目の始業前に取り組む計算練習プリントを考案したり、放課後の補習を始めたり、複数の単元をまとめて中学の定期テストと同じ形式で実施する「定期テスト」を始めるなど、算数の学力保障に力を注いだ。この教師は小学校で関わりの深かった学年の児童と一緒にB小を「卒業」し、2004年度にA中学校1年生の学年代表になった。B小はこの教師の置き土産を活用して算数を柱とした授業研究に取り組み始めた。

　児童・生徒の「興味・関心・意欲」や「主体性」を重視する学習指導については、計量的な学力研究では、次のようなことが指摘されている。基礎学力を高い水準で保ちつつ格差を小さく抑えるには豊富な教職経験が欠かせないこと、自主性や主体性を重んじる「子ども中心主義」の授業づくりには学力の階層間格差を拡大させるおそれがあること、家庭環境のきびしい児童・生徒が多いと小集団による「学び合い」が成立しにくくなることなどである（苅谷・志水・清水・諸田 2002、山田 2006、若槻・伊佐 2016）。今にして思えば、当時のB小学校の教師たちは、これらの問題を経験則で洞察していたのだ。

　B小が直面した悩みは、一斉指導や反復練習を中心にした教師主導の授業から子どもの学習意欲や主体性を重視した授業への転換を図るなかで生まれたものだった。授業改革はB小にとっては必然だった。だが、その後の家庭の社会経済的状況や学校の教育条件の悪化が、改革を失速させてしまったのである。

第5節　まとめ―教育活動の停滞とその背景―

　第3章では、A中開校から同和対策事業が終結して間もない2005年頃にかけてのA中とA中校区にあるB小、さらに地域の教育運動の歴史を

振り返った。

　A中の学力保障は、同和地区の生徒から出発し、同和地区周辺の地域の生徒へと広がっていった。1990年頃からは学校全体の学力不振が深刻になっていったことに対応して、学力保障の重点課題は、学力不振の生徒を抽出する方法から、原学級での授業改革へと移行していった。さらに、1990年代のなかば以降は、調べ学習、読書教育・図書館教育、人権総合学習といった新たな試みが校区のB小とともに取り組まれるようになった。保護者のボランティアやサークル活動も盛んになった。

　だが、2000年代のなかばになると、学校における授業改革と地域における教育運動は、どちらも行き詰まってしまった。学校では、加配の減少、教職員の世代交代、頻繁な人事異動によって人的なリソースが劣化した。地域でも解放子ども会や教育保護者組織の活動がなくなり、自主的なサークル活動・ボランティア活動も勢いを失った。かつて教職員と保護者が本音を激しくぶつけあった「教育研究集会」は年々参加者が減り、2006年を最後に途絶えてしまった。

　次の章でもふれるが、欧米の「効果のある学校」研究は、主に学校内部の組織や教育実践に注目をしてきた。また、どちらかというと教職員集団の組織的な取り組みよりトップリーダーの役割を重視する傾向にある。対して、日本の「効果のある学校」研究では、地域・家庭・学校の連携、子どもの仲間づくり、教職員集団などの「つながり」を重視する傾向がある（志水 2006）。

　A中のように地域からの強い期待を受け、そしてまた地域との連携を学校教育活動の拠り所としてきた学校では、良きにつけ悪しきにつけ、地域の教育環境や教育運動から学校がうける影響には大きなものがある。そもそもA中建設の要求を立ち上げたのは同和地区の保護者組織である。かつて保護者組織は、教職員組合などとともに同和加配の要求運動で中心的な役割も担っていた。だが、そういった可視的な支援以上に学校を支える資源として、重要だったと思われるのは、同和地区の内部や同和地区と学

第5節　まとめ―教育活動の停滞とその背景―

校の間に形成されたインフォーマルな人的ネットワークである。

　同和地区の保護者の人的ネットワークについては、それを投資と見返りの観点から分析した研究に木村和美（2008a）の研究がある。また、内田（2005）は同和地区の濃密な人間関係を「ムラネットワーク」と名づけ、それらが若者を就労へと導いていることを明らかにした。これらは社会関係資本の私財としての側面に光をあてた研究だが、筆者が注目するのは、社会関係資本のもう一つの側面、すなわち集合財としての側面である[10]。地域における保護者や地域住民の人的ネットワークは、それと直接にはつながってない学校にも利益をもたらしていたのではないか、地域における社会関係資本は、学校での生徒指導や学習指導に目に見えない形で貢献していたのではないか。

　2004年から2005年にかけての調査期間中のことである。ある時、生徒同士でいさかいがおき、片方の当事者の保護者が相手の生徒と直接に話をしたいと、A中に訴えてきたことがあった。その保護者は校長の元教え子だった。校長がよくよく話を聞いてみると、訴えてきた保護者と相手方の保護者とは中学の同窓生であり、団地の同じ棟に住んでいることがわかった。校長が保護者にそのことを告げると、「しばいたる」といわんばかりの剣幕だった保護者は、「もうわかった」とあっさり矛を収めたという。校長は、この一件を、次のように振り返っている。

　　普通、ムラやったら、どこのせがれやろ、どこの孫やろとか、みんな知ってるはずやけど、そんなんもわからへん状態。6年前にA中に戻って来て、びっくりしたんですよ。日常的に付き合いがないんでしょうね。でも、本人同士は知ってるわけですわ、中学校一緒やからね。別に仲悪いわけでもないし、ある程度事情は知ってたみたいやけど、まさかそれの子どもやっていうのを知らんかって。「もうええわ、わかった」って。

　　　　　　　　　　　　　　　　　（A中学校校長への聞き取り　2011年12月）

この校長は、A中の開校時に初任者としてA中に赴任し、約10年勤務した。その後、市内の他の中学校、A中校区内の青少年向け社会教育施設、教育委員会事務局などでの勤務を経て、2005年度にはA中で校長を務めていた。A中と校区の状況に精通している方である。校長によれば、いつの頃までそうであったかは定かではないが、子ども同士のいさかいが保護者を巻きこんでしまうような事態は、インフォーマルな近所づきあいの中で未然に防がれていたというのだ。

　A中とその校区のB小が直面していた子どもの「荒れ」や学力の低下は、地域の階層分化や運動の求心力の低下に伴って地域の社会関係資本がやせ細り、同和対策事業の縮小・終結に伴って行政からの支援が減っていき、教職員の世代交代と頻繁な異動によって指導体制が大きく揺らいだ結果、うまれたものであった。それまでの教育活動を支えていた学校内外の様々な要素にほころびが生じていたのである。

　教育活動の停滞は、このように学校内外の要因が複合的に作用した結果として生じていた。それだけに、学校を立て直すきっかけは、なかなか見出せなかった。筆者自身、調査者として居たたまれない思いを抱いていたことも事実である。

　しかし、希望がないわけではなかった。

　　A中のスタイルは、まず子どもがおって、子どものためにどうやったらええのかということで、いろんなやり方をやってみて、失敗もして、こういう時はこうやろうっていう積み重ねでできてきたと思うんです。ただ、子どもの状況も親の状況も変わってるから、それに応じたA中のスタイルを先生がアイディアを出しあって確立していったらいいと思うんです。

　　　　　　　　　　　　　　（筆者のフィールドノーツ　2005年11月）

　「A中のスタイル」。2005年11月、A中の校内研修で、筆者が一連の調

第5節　まとめ―教育活動の停滞とその背景―

査結果を報告したときの校長の言葉である。A中の教育は、「子どもから出発して、いろんなアイディアを出し合って、いろんなやり方をやってみる」(校長)なかで徐々に形づくられていった。1980年代の抽出促進指導、障害のある生徒の進路保障、人権・部落問題学習の創造、1990年代の授業改革や家庭との連携がその例である。森(2012b)の言葉を借りるなら、「差別の現実から深く学ぶ」という「根っこ」を大切にしながら、様々なものを吸収し、様々な姿に変わっていく「プロテウス的」なあり方こそが「A中のスタイル」だったのである。

　当時のA中が直面していた最大の問題は、創意を大切にする「A中スタイル」の組織文化が消えかけていたことにある。加配の削減と不適切な人事慣行に伴って、教職員数は減り、初任者・転任者とベテラン層とは分断され、前者は頻繁に異動するようになった。初任者・転任者にはA中独自の取り組みの経緯や地域事情に疎い人が多かったが、初任者・転任者の戸惑いは結果的に放置され、少数のベテラン層が孤軍奮闘する状況が生まれてしまったのである。

　　10年超えた教師はいなくなるのが前提ですから、基本は若い人たちが学校回していかなあかんやろなとは思ってるんです。ただ、今、[まだ若い人からは]声が出てないので。出してくれたらバックアップする体制はとろうと思ってますし、逆に、こんなことしたらって言うのは、ちょっと今、控えてる状態です。それ、プレッシャーに感じられたら、また前に進まへんなあと思ってるんで。
　　　　　　　　　　　(A中学校人権教育担当への聞き取り　2005年10月)

　次の章では、2010年代の、停滞期を脱しつつあるA中の姿を追っていきたい。A中では生徒の生活状況はきびしさを増しているが、教職員組織の年齢構成や経験のバランスが改善され、創意を大切にする組織文化が復活してきた。同和地区の教育保護者組織や解放子ども会の活動に代わり、

かつての保護者やA中の卒業生をはじめとする地域住民が学校支援に動くようになった。そして、新しい枠組みのもとで、学力保障と子ども・家庭支援が充実しはじめている。

第4章

A中学校の学力保障
－現状編－

第1節　復興の時代 — 2010 年代 —

(1) 問題行動の沈静化

　この章では、2010年代のA中の教育実践を概観した後、第3章の冒頭で触れた「効果のある学校」論の視点から、過去約四半世紀にわたる学力保障実践を総括的に評価する。結論を言えば、数量的に測定可能な学力についてみるかぎり、A中の学力保障実践は成果をあげてきたとはいえない。その根本的な原因は、校区に生活・子育てに困難を抱える家庭が増え、コミュニティの疲弊が進んでいったことにある。だが、そのような状況に抗して、A中は子どもたちの生活と教育の「セーフティネット」として大きな役割を果たしている。それは数字では測りがたいA中の教育の成果である。

　A中は2011年度と2012年度に文部科学省の人権教育推進事業の委嘱を受けた。筆者は、A中からこの事業のアドバイザーになってほしいとの依頼をうけ、2011年秋から、数年ぶりにA中を継続的に訪問することになった。筆者は、研究委嘱の期間中は月に2、3回、指定期間が終わってから2016年の秋までは週に1回程度、A中を訪問し、授業、学校行事、研修、地域行事などの観察と教職員へのインタビューを行った。表12は、この間のインタビューの協力者一覧である。

　表の「若手・中堅・ベテラン」は、教職員の年齢と教職経験年数をふまえた、筆者独自の分類である。各年代グループには次のような特徴がある。「若手」は、20代から30代はじめの人々で、A中は初任校または2校目の勤務校である。学級担任の主力はこの年代の人々である。「ベテラン」は40代後半以上の人々で、副担任や学年代表として若手をサポートする立場にある場合が多い。中には「若手」時代にA中で勤務したことのある人もいる。「中堅」は「若手」と「ベテラン」の間の年代である。3つのグループの中で人数は最も少ないのだが、学力保障・人権学習・生徒

第4章 A中学校の学力保障―現状編―

表12 A中の教職員へのインタビュー

時期	名前	年代	担任・分掌等	主な内容
2011年12月	A先生	中堅	人権教育担当（2010年度～）	学力保障と人権学習
	B先生	中堅	こども支援コーディネーター（2010年度～）	家庭支援・生徒指導
	C先生	若手	3年通常学級担任	前回調査時からの変化
	Dさん	ベテラン	事務職員	家庭及び地域の状況（校長同席）
2012年3月	A先生（2度目）	中堅	人権教育担当	卒業生の進路状況（校長同席）
2012年7月	E先生	ベテラン	支援教育コーディネーター、1年支援学級担任	支援教育の体制
	F先生	ベテラン	2年副担任、学年代表	若手のサポート、学年の状況
	G先生	ベテラン	3年副担任	若手のサポート、学年の状況
	H先生	ベテラン	3年副担任	若手のサポート、学年の状況
2013年7月	B先生（2度目）	中堅	こども支援コーディネーター兼生徒指導（2013年度～）	複合的な困難への対応
	E先生（2度目）	ベテラン	支援教育コーディネーター、2年支援学級担任	支援学級と通常学級の連携
	I先生	ベテラン	保健養護	健康状態、食育、禁煙教育
	J先生	中堅	1年支援学級担任	支援学級と通常学級の連携
	K先生	若手	3年支援学級担任	支援学級と通常学級の連携
	L先生	中堅	1年副担任、学年代表	若手育成、1年の状況
	M先生	若手	1年通常学級担任	1年の学習・生活指導
	N先生	若手	1年通常学級担任	1年の学習・生活指導
	O先生	若手	1年通常学級担任	1年の学習・生活指導
2014年6月	P先生	中堅	学力保障担当	学力保障体制（校長、教頭、A先生同席）
2016年3月	Q先生	ベテラン	進路担当	入試制度の改編（学年代表L先生同席）

指導・生活支援・進路指導など、校務分掌の要の位置にある人が多い。

さて、2011年の秋に筆者がA中に通い始めてまず気がついたことは、前回の調査の頃に比べて、生徒の問題行動が激減していたことである。次

第 1 節　復興の時代―2010 年代―

にみるように、生徒の社会経済的な背景は 2000 年代よりもさらにきびしくなっていたのだが、そうした変化は問題行動に直結してはいなかった。学校の落ち着きぶりの背景を探ることが、今回の調査の出発点となった。

表 13 に、前回の調査時（2004 年）から今回の調査時（2013 年）にかけての、生徒の生活状況と学校組織の変化をまとめた。データの出典は、A 中が作成した各年度の教職員加配要望書である。この表には、過去 20 年間の長期的な変化をみるために、表 9（第 3 章第 4 節）のデータも再掲してある。

表 13　A 中の生徒の生活状況と学校組織の変化

	1993 年度		2004 年度		2013 年度	
	人数	%	人数	%	人数	%
全校生徒数	333		292		280	
学級数（通常＋特別支援）	10＋2		10＋2		9＋4	
生活保護世帯の生徒	25	8.2	32	11.0	40	14.3
準要保護（就学援助）世帯の生徒	66	19.8	85	29.1	102	36.4
ひとり親・両親不在家庭の生徒	73	21.0	88	30.1	104	37.1
同和地区の生徒	106	31.9	―	―	―	―
外国籍の生徒	19	5.7	―	―	3	1.1
児童養護施設の生徒	7	2.1	11	3.8	6	2.2
教職員人数	―		30		28	
指導方法工夫改善	計 19		3		3	
児童生徒支援加配（旧同和加配）			3		2	
その他の教員加配			1		1	
事務職員加配	1		1		1	

（―は記載のない項目。児童生徒支援加配は 2002 年度から。それ以前は同和加配。）

まずは、生徒の生活状況の変化からみよう。2004 年度から 2013 年度にかけて、ひとり親・両親不在家庭の率は 30％から 37％へと上がり、実数

で100名を超えるようになった。要保護・準要保護の率も40％から51％に上がった。この間、大阪府全体の就学援助率が28％から25％に下がったのとは対照的である（文部科学省 2015）。さらに長期にわたって変化をたどれば、1993年から2013年までの20年間で、要保護・準要保護率が28％から51％へと大きく増加したこともわかる。1990年代以降、A中の生徒の家庭生活基盤は不安定化し続けているのである。

次に、学校規模の変化である。前回の調査時より全校生徒数は減り、これに伴って普通学級はひとつ減った。だが、特別支援学級は3学級から4学級に増えた。在籍者は15名である。他校での勤務経験の長かった教師によると、A中は学校規模の割に特別支援学級に在籍する生徒が多いという。インタビューでは、個人的・生得的な性向や生活リスクに適切な対処がなされてこなかったために、学習や対人関係の困難が「障害」に似た形で現れる生徒が多いのかもしれないという意見もあった。支援学級には複合的な困難を抱えた生徒が多いのも事実である。「障害」と生活・学習の困難、学力不振、問題行動の関係[1]については、慎重に検討する必要があるが、学校生活を送るために特に手厚い支援が必要な生徒が増えていることはまちがいない。

最後に教職員組織の変化である。教職員は大幅に入れ替わり、前回調査時のA中を知る教職員は校長をはじめ数人だけとなった。一般教職員はさらに若返り、20代から30歳前後の「若手」が約半分を占めるようになった。教職員の加配（表13では「指導方法工夫改善」から「事務職員加配」まで）は前回調査時からは1名減にとどまるが、1993年と比べると、20名から7名へと約3分の1になっている。

A中の生徒の生活状況はきびしくなり、加配教員の数は減り、教職経験の長い教員も減った。にもかかわらず、生徒の問題行動が影を潜めているのはなぜなのか。要素還元論的に学校の落ち着きぶりの要因を探るよりも、個人や組織がどのようにつながり、取り組みがどのように相乗効果をもたらしているのかを見るべきではないのか。フィールド調査を再開して

しばらくたったころ、筆者はこのように考えた。そして、調査の重点は、教職員の集団的な力量形成（髙田 2011）や学校と学校外（地域住民・組織、専門機関等）のシステム関係（池田 2005）へと移行していくことになった。

　以下、教職員集団、教育実践、地域と学校の連携という順で、前回調査時からのA中の変化を描いていきたい。

(2) 教職員集団―創意を重んじる「A中スタイル」―

　2010年代のA中では、教職員の約半分を30歳前後までの「若手」世代が占めるようになっている。学習指導、生徒指導、保護者対応の経験が浅く、校区の事情に明るくない教師が増えていることは否めない。この事態にA中はどう対処しているのだろうか。

　前回調査の頃に初任者としてA中に赴任し、この間のA中の変化を知る数少ない教師であるC先生は、次のように教職員集団の変化を語ってくれた。

> 　昔はそのへんがね、色んなことをしようと思ってもなかなかできない。色んな制約があったり、やろうかなと思っても一緒になってやろうかという人がいなくて、ひとりぼっちでやってしまったりとか。……中略……それが今はもう、全然、そんなことがない。みんな誰とでもほんとに助け合っていけるというか。誰かがなんかしようって言うたら、「ああ、それ面白そうやからやってみようかな」とか。「自分としてはこんなことをしたいんやけど」と言う人がおったら、それに反対するんじゃなくて、「じゃあ、まあ、やってみようよ」っていう感じで、「やってみてよ」とか、「一緒にやろうや」とか、そういう感じで、後押ししたりフォローしたりするような、そういう安心感があるから、色んな先生が自分のしたいことをどんどんすすんでやれる。
> 　　　　　　　　　　　　　　　　（C先生への聞き取り　2011年12月）

一方、若手をサポートする立場のベテラン・中堅層からは次のような声もきかれた。

> 「とにかくやってみたらいいんちゃうか」って。彼らが言うてきたことにとにかくNOを言わんようにしようと。それをずっと〔心がけてきました〕。「こんなことやってみたいんです」っていうことには「どんどんやろうよ」いうて、支援していこうと思ってます。あと、特にこれは初任者の先生に言うてるんですけど、「家庭訪問行きや」と。電話ですむようなことでも、学校の帰りで家庭訪問してもかまへんやんとか。それは、僕が若い時ここで教えてもろうたことです。何もなくても「ちょっと近くまで来ましたんで」とか「帰りにちょっと寄りました」いうて、「今日、こんなええことしてくれたんですわ。それだけ言いたくって」とか。親と関係を作っておく。「貯金」て言うてますけども。
>
> （L先生への聞き取り　2013年7月）

> 子どもに関することで、ここだけは私自身が譲れないっていうことは、時間を作って、ちょっと話したいことがあるっていうことで、話をしています。子どもに対してここが勝負っていう、ここで絶対行っとかないといけないって時、ありますよね。そこで逃げるっていうか、見て見ぬふりをするとまではいかないんですけども、向かって行かなかったとき。あるいはそこで行くところではないのに行ってしまった時。みんなの前で怒るべきことではないって私が判断してるのにみんなの前で怒った時とかですかね。……中略……ただし言葉も選びますし、シチュエーションも選びますし、気をつけるようにはしています。怒られたっていう感覚を若い先生が持たないように努力しています。
>
> （F先生への聞き取り　2012年7月）

A中では、勤続年数を問わず、教師からいろいろな学校改善のアイディアが出てくるようになった。体育祭では、生徒の問題行動がめだった時期に途絶えていた学年演技を復活させた。生徒からデザインを募って学校のマスコットキャラクターをつくった。それは「ゆるキャラ」風の着ぐるみに仕立てられ、校区のイベントや学校行事に登場するようになった。生徒の努力や友人への心遣いなどをとりあげたメッセージカードを教師が各学年の廊下に貼り出したり、授業はじめの合図をチャイムから校歌のメロディーに変更したりするなど、校内の生活・学習環境を整備する試みも行われた。

　日常の授業研究でも、授業の完成度ではなく新たな提案が重視されるようになっている。後述するように、今、A中校区では、「ことばの力」を育むと称して、自分の気持ちや考えを表現する力や他者の気持ちに耳を傾ける力の育成に取り組んでいる。校内の授業研究でも、集団での課題解決とそのための話し合いの機会を設けるなど、実験的な授業を奨励するようになっている。

　上で挙げたような提案や発案は、ひとつひとつはささいなものではある。だが、提案や発案が学年や学校の取り組みに採用されたり他の教師に広まったりすることで、年齢や経験に関係なく、学校運営への参加意識が高まるのである。学校運営が困難を極めていた頃に校長が述べた「子どものためにいろいろなことをやってみる」という「A中のスタイル」は復活しつつある。

　提案や発案には、一定程度の方向付けも必要である。L先生やF先生のような「中堅」や「ベテラン」の先生たちは、生徒指導や学習指導の勘所を押さえることも忘れない。L先生のいう「貯金」にしても、F先生のいう「子どもとの勝負」にしても、「若手」の頃からの経験に裏打ちされたアドバイスである。

　こうした若手とベテランの結びつきに心を砕いていたのは、人権教育主担のA先生であった。A先生は常々「どんなことにも失敗はない」と言

う。経験不足や見通しの甘さから計画通りに事が運ばなくとも、その経験を次の取り組みに活かすことができれば、それは失敗と言えないという考えからである。

このように、A中では、「若手」のアイディアと「中堅」や「ベテラン」のアドバイスとがかみ合う中で、創意を重んじる組織文化が復活しつつある。A中の関係者によると、このような教職員組織の変化には、人事異動の慣行の見直しが多分に影響しているという。市の教育委員会は、前回調査のあと、教員の転任にあたっての希望調査をやめた。そして、教師になってからの経験年数、それまでの勤務校、生徒指導や学習指導の経験が考慮された人事異動が行われるようになったという。

(3) 生活と発達の包括的保障
　　―「すべての」と「一人ひとりに」の視点―

A中の校区には、経済的に困窮している家庭やひとり親家庭など、社会経済的に不利な立場に置かれた家庭が少なくない。このような校区事情を背景にして、1990年代以降、A中では学校全体の学力不振が大きな教育課題になった。通常学級（原学級）の授業に「ついていけない」生徒への個別的支援に代わって、通常学級（原学級）の授業自体の改革がクローズアップされたのはそのためである。一方、地域の教育運動においては、生活・子育てに特に大きな困難を抱えた家庭への支援が手詰まり状態に陥っていった。2000年代の地域教育協議会における「子育て支援委員会」の試みは、当事者の互助に代わる支援の仕組みを模索する試みであったといえる。

2010年代も、A中およびその校区では、日常の授業と子ども・家庭支援の充実をめざす模索が続いている。

そのひとつめは、支援教育[2]の視点にたった「ユニバーサルな」学習環境づくりである。A中では、支援学級に在籍していない生徒にも人間関係や学習面で困難を抱えている者が少なくない。支援教育の対象を限定的に

捉えると、発達診断で「ボーダーライン上」にあるとされた生徒に支援が行き届かないおそれがある。実際、支援学級で個別指導を受けている生徒が通常学級の生徒よりテストでいい成績をおさめることは珍しくない。それゆえ、A中では、指示・板書・掲示を工夫したり、社会的スキルに困難を抱えた生徒への対応について教師が共通理解を図るなどして、「すべての子どもたちにわかりやすい学習環境」（2012年度のA中の研究紀要）をめざしている。

　去年力入れたのは支援教育。それを引き継いでやっていくということで、近くの支援学校の先生の力をもらいながら力を入れました。支援教育コーディネーターもうちの学校にはいてるんで、その先生と連携取りながら、〔通常〕学級で支援を必要とする子どもたちにどうアプローチしていこうかっていうのを〔学校〕全体で取り組んだんです。
（B先生への聞き取り　2011年12月）

「すべての子どもたちにわかりやすい学習環境」づくりは、新たな学力保障の戦略である。それは、「原学級」への復帰を目標としながら分離指導が固定化しがちだったかつての抽出促進指導とも、様々な方法で学習集団を分割する少人数指導とも、学習意欲や主体的な学びを強調する一方で階層差を埋められない「子ども中心主義」とも異なる発想にたつ。それは、普通学級で学習についていけない生徒を支援学級で指導するのではなく、障害のある（もしくはそう思われる）生徒への手厚い指導をすべての生徒の指導にいかすという発想である。支援教育のコーディネーターは、支援学級における指導と通常学級の指導との関係について、次のように語っている。

　支援教育に携わるなかで一番「言葉」を大事にしてきたので、今やってる作文の力とか会話の力とか、そういうところは支援学級でも

やれるし〔通常学級の〕教室でもやれることなので、一緒に考えていけたらと思ってるところです。今まで支援学級で作文書くときにやっていた言葉集めは、昨年度の公開授業でもやった内容でもあったので、その部分ではみんなで知恵を出し合いながら、自分の思いをちゃんと自分で語れるようにするために、一緒にやっていけたらなと思います。

(E 先生への聞き取り　2013 年 7 月)

　2011 年秋の再調査開始の少し前から、A 中と A 中校区の B 小学校では、子ども同士のやりとりや表現活動を充実させ、「ことばの力」(「自分のおもいを自分のことばで話せ、人のおもいを聞き取り、受け止める力」と表現されている）を育む指導を始めた。随時行われる校内の公開授業や、学期に 1 回行われる研究授業の際には、「授業スタイル」のワークシート（授業規律の統一、集団による問題解決、自己肯定感の向上、指示の明確化といった観点で授業をみるためのワークシート）を使った観察・研究討議が行われている。

　ある研究授業をみたときのことである。その時間はバレーボールの練習を生徒たちがしていたのだが、技量や体力に差のある者同士がどのように協力すればトスを上げることができるか、試合にどのような作戦で臨むかなどを話し合ったりしていた。興味深かったのは、そうした授業の指導案を、学年団（当該学年の学級担任と教科指導を担当する教師）で検討していたことである。研究授業のねらいは、体育科指導を専門的な観点から検討することではなく、「ことばの力」を育むための課題解決場面を工夫することにあった。そのようなねらいをもった研究授業は、学年団の組織力を高めることにも寄与していたのである。

　特に大きな困難に直面した家庭や子どもに対する支援についても、新たな試みが始まった。その要となるのが「こども支援コーディネーター」と呼ばれる加配教員である。こども支援コーディネーターは、国の児童生徒支援加配[3]を活用して、中学校を中心に、大阪府内数十校に配置されている。

A中では、こども支援コーディネーター、保健養護教諭、支援教育コーディネーター、学力向上担当の連絡会議を設けている。また、スクールソーシャルワーカー、コミュニティソーシャルワーカー、地域の人権文化センターや子ども家庭センター（児童相談所）の担当者、地域の小学校や保育所の担当者などを交えた「ケース会議」を随時開いている。こうした取り組みは、2000年に結成されたA中校区地域教育協議会の「家庭支援委員会」に端を発するが、スクールソーシャルワーカーが市の教育委員会に配置されてからは、さらに組織的に行われるようになった。

　様々な機関・職種の人々が集まって話し合いをするのは、子どもや家庭の抱える困難が複合的・重層的で、多方面からの支援を結びつける必要があるからである。支援教育のコーディネーターとこども支援コーディネーターは、それぞれ、次のように語っている。

　　この子はまず生活をしっかりしないと、ということであれば、〔市役所の〕生活保護の担当の方と連携して、家庭支援をそっちからしていただく。学校は学校で自立できるように学習支援をしようとか。この子は〔発達〕検査してもらった方がいいんちがうかなっていうんやったら、保護者にも勧めて市立病院とつなげるとか。だから、いろんな力を借りる、他機関とつながるようにというところはあります。市立病院や市の〔適応指導教室がある〕教育研究所にも学校から出向いて。保護者と一緒に病院に行くことも多いですし、市の福祉の方に来ていただいてケース会議をすることもけっこう沢山あります。
　　　　　　　　　　　　　　　（E先生への聞き取り　2012年7月）

　　僕らが家庭支援の話するときには、ほとんど支援学級の子が関わってくるんです。家庭の状況もきびしい、経済的にしんどいし、保護者が精神疾患抱えてたりとか、本人に暴力とか不登校だとかいった行動があったりとか。もちろん学力的にきびしいんですけど、アスペル

ガーとかADHDとか自閉的な傾向があるとか言われて、医師の診断受けて療育手帳もろうてる子がおってっていう状況で。支援学級の子には複合的な課題を持ってる子が多いですね。あそこにグッと〔課題が〕集約されてる。

(B先生への聞き取り　2011年12月)

　A中では、すべての生徒を対象にした教育環境・授業づくりと並行して、複合的な困難を抱えた生徒一人ひとりのニーズに対応する支援が模索されている。その中で支援学級は、「障害」だけでなく社会経済的な困難への対応も含めた広義の支援の窓口にもなっている。いわば、A中では「人間の生活と発達の包括的な保障と支援」という「教育福祉学」(山野他 2012)の視点から、子ども・家庭支援のシステムが作られつつあるといえる。このシステムの意義と課題については、第5章で詳しく検討したい。

(4) 地域と学校との関係の再構築
　　―人権学習のリニューアルと住民ボランティア―
　A中の人権学習は、地域の生活環境・教育環境や生徒の生活と意識の変化に応じて姿を変えてきたのだが、2000年代のなかばには、生徒の問題行動が増え、年間を通じた体系的な人権学習が難しくなっていた。だが、そうしたきびしい状況にあっても、当時の人権教育主担教員は、「人権教育月間」を設定し、部落問題、在日コリアンを中心とする外国人問題、障害者問題に関わる学習の機会を設けていた。現在のA中の人権学習は、この頃の取り組みがベースとなっている。
　A中の人権学習のねらいは、一人ひとりの生徒が自分の問題と引きつけて「人権」を捉えられるようにすることにある。個別の人権課題についての知識を深めることもさることながら、それ以上に大事なのは、学習を通して、自分自身の生き方や自分と社会との関わり方を考えることである。そのようなA中の人権学習のねらいが教職員に再認識されるようになっ

たのは、2009 年に、ある生徒が障害のある級友をさして「あの子はひいきされてる」と漏らしたことがきっかけだったという。

　そんなことあるんやったら、学年でいろんなこと取り組もうかっていう話から始まってるんですよ。障害を持ってる子のために人権学習に取り組むのではなくて、言うた子の心がすさんでるというか、自分が注目されてないというか、自尊感情が低いっていうのがたぶんあるんやろうっていう意識で。言われた子じゃなくて、言った子がすごいしんどい思いをしてるというか、そういう発言しかできない状況にあるっていうことで。もっと障害者のこと勉強しようじゃなくて、生まれてきて大切に育てられてきたんやでっていうことを認識したら、自分の大切さもわかって、相手の大切さもわかると。

（A 先生への聞き取り　2011 年 12 月）

　この年の 1 年生を手始めに、1 年は障害者問題の学習を通した「自己理解」、2 年は在日外国人問題の学習を通した「他者理解」、3 年は部落問題学習を通して「生き方を考える」という各学年の人権学習のテーマが徐々に定着していった。そして、「総合的な学習の時間」、特設の道徳の時間、特別活動の時間を活用して、体系だった人権学習が行われるようになった。
　2013 年度に卒業した学年は「A 中学校建設の意義」の学習にとりわけ力を注いだ。校長先生と 3 年生の学年代表は、生徒の卒業とともに退職する予定で、改めて A 中が開校されたことの意義を生徒に語り継ぎたいと考えたのである。生徒たちは、A 中の「いいところさがし」のワークショップ、校区のフィールドワーク、自身が A 中卒業生でもある教師・保護者・住民への聞き取り学習などを経て、校長先生から「A 中建設の意義」について話をきかせていただくことになった。校長先生にとっては定年前最後の授業である。
　校長先生は、講堂に集まった 3 年生を前に、画用紙大の紙に書いた「め

ざす生徒像」をひとつずつ示しながら、A中の教育目標を語り始めた。

「自分と仲間を大切にする生徒、授業を大切にする生徒、楽しい学校にするために行動する生徒。あとひとつ、なんやと思う？」と校長先生。生徒の席からは「人権？」「差別？」などの声が上がった。校長先生は一呼吸おいて「差別を許さない生徒です。学校の目標の一番にこれがきてるんです。市で学校の目標に『差別を許さない生徒』があるのはA中だけです。A中ができたことの意味は、差別ということばに凝縮されてるんです」。それから、校長先生は、昔の写真やアルバムを示しながら、A中の前身となったX中における越境就学、A中建設までの経緯、竣工式での生徒会長あいさつを振り返り、自分が中学生だった頃の部落問題との出会いや初任者としてA中に赴任した頃の思い出を語った。そして、次のようなメッセージで話を締めくくった。

「母には勉強せえってよう言われてました。お金は使うたらなくなるけど、頭は使うたら知識がどんどん増えるって。でも、なんぼ勉強できても、自分のことしか考えられなかったら差別に勝つことはできないと思います。それを知ってほしいから、A中は仲間づくりをやってきたし、みんなの先輩も先生も頑張ってきたんです。いろんな人のつながりがあるから、みんなは力を発揮できるんです。今は校長として仕事してるけど、A中の先生といっしょに仕事するのがとっても楽しいです。まだ話し足りないことがあるけど、今日はこれで終わります。みんな、幸せになってください。」

最後に生徒の代表が、声を詰まらせながら「校長先生の話をきいて、A中生でよかったと思いました」と礼を述べて散会となった。だが、数人の生徒は、教室に戻るようにと担任に促されても、いつまでも校長先生のもとを離れようとしなかった。

この学年の生徒たちは、在校生へのメッセージとして「A中宣言―後輩に伝えたいことば　A中学校に残したいことば―」を卒業式で発表し、A中を巣立っていった。この「A中宣言」は、生徒一人ひとりが後輩に伝え

残したいメッセージを考え、それらを各クラスの代表者が話し合って再構成したものである。

　何もかも当たり前ではないこと。このA中学校も、私たちも、多くの人に支えられ、今ここにある。感謝の気持ちと思いやりの心を忘れない。
　正しい知識を身につけること。何も知らないということが人を傷つけることもある。相手との違いを知り、認め合うことで、仲間とつながる。
　しんどいことから逃げないこと。すぐにあきらめたり、人のせいにしない強さをもつこと。一人ではくじけそうになることも、みんなとならば、がんばれる。
　そして、私たちは、これからも、この気持ちを忘れずにA中学校卒業生として、自信を持ち、一歩ずつ歩み出していくことを誓います。
　　　　　　　　　2014年3月14日　A中学校38期生一同

　「A中建設の意義」の学習がA中と地域との関わりの歴史を再確認する作業であるとすれば、地域住民や保護者による新たな学校支援活動は、地域とA中の関わりを新たにつくり出す作業である。
　1990年代までA中校区には解放子ども会や高校生の「友の会」が存在し、子ども会の育成者組織や保育所の保護者会も健在だった。これらの組織は同和地区住民というマイノリティ集団内部で完結したもので、運動に積極的に参加する人々は生活安定層に偏りがちだったが、子どもたちに居場所を、保護者に子育てへの関心を喚起する機会を、教師に生徒や保護者と人間関係をつくる機会を提供していた。しかし、A中校区の子ども会や保護者組織は、前回の調査の頃にはほぼ消えてしまい、学校は生徒の問題行動への対応に追われるようになっていた。
　近年、A中校区では、地域住民による学校支援やボランティアなど、地

域教育活動の新しい動きが生まれてきた。2010年、生徒の問題行動に心を痛めた当時のPTA会長が、保護者、地域住民、教職員に呼びかけて夜回りと地域清掃を始めた。夜回りは現在（2018年度）も続いている。近隣の小学校・高校・支援学校からの参加もあり、A中卒業生の近況を交流する場にもなっている。

2011年には、地域住民と中学生や小学生が校区に花を植えるボランティア活動が始まった。校区の更生保護女性会や町会は、学校と一緒に朝の挨拶運動を始め、かつて解放子ども会活動を経験した若者たちは、地域の社会教育施設でレクリエーションをしたり定期テスト1週間前から勉強会を開いたりするなど、中学生・高校生の「居場所づくり」の活動を始めた。

以上にあげた活動を担っているのは、自身がA中卒業生でもある地域住民や、かつてA中に我が子を通わせた元保護者である。そのなかには、開校当初越境が激しかった地域の住民も多く含まれている。開校からしばらくの間はPTA役員も同和地区の保護者が多かったが、2000年頃からはPTA役員の多くは同和地区の隣接地域の保護者になっている。このような学校と地域住民・保護者の関係性の変化は、開校後30数年がたち、A中の教育方針に共感する人々が校区に増えてきたことの証しであるといえよう。

(5) 教師・生徒の信頼関係と生徒の仲間づくり
　　―資源としての「つながり」―

2011年秋にA中に通い始めてまもなく、筆者は、教師・生徒関係や生徒同士の関係には、前回の調査時と変わらぬ特徴があることに気がついた。それは、対人関係において情緒的なつながりを重んじることである。

A中の生徒は、教師や親以外のおとなをニックネームで呼ぶことが多い。若手の教師の中には名字を呼び捨てにされる人もいる。筆者の場合、保育所に通っていた頃から顔見知りだった生徒が幾人かいたこともあってか、「おっちゃん」と呼ばれることが多かった。親しくなった生徒のなか

には自分で考えたあだ名で呼ぶ子もあった。「尾木ママ」（教育評論家尾木直樹のニックネーム。大学教員でめがねをかけているところから。）、「はらゆたか」（子どもに人気のある児童書の作者。似顔絵が似ているという。）、「ジャパネット」（通信販売会社の名前から。）、「いっちゃん」（髙田一宏の「一」をとって）といった具合である。

　A中では、生徒と教師の身体的な接触も多い。教師と手をつないだり、肩を組んだり、抱きついたり、軽く体当たりするなどである。教室を出て教師の目にとまる場所でわざと寝転がってみせたり、性的な話題を持ち出して新任教師をどぎまぎさせたり、女子生徒が若手の男性教師に面と向かって「キモイ（気持ち悪い）」と言ったりするなど、教師に対するからかいや挑発とみなされかねない行為をする生徒もある。

　A中の教師たちは、馴れ馴れしく、「無作法」にさえ見える生徒の言動を、「試し」とよんでいた。「試し」は目上の者に対する態度として好ましくなく、高校に入学してから対人関係に苦労するだろうとの意見は根強くあった。実際、生徒が職員室で教師を呼ぶときには「○○先生いらっしゃいますか」と、丁寧な言葉づかいをするようにとの指導もなされていた。しかし、その一方、教師たちは、「試し」を頭ごなしに叱ったり禁じたりするのは得策ではないと考えていた。それは、「試し」を、自分らに注目をしてほしいという生徒の欲求の表れであり、教師が信頼できる存在であるかを生徒が瀬踏みする行為だと解釈していたからである。

　　先生だからお話しししますけど、これが全てかどうかわかりませんけども、「見捨てられたらどうしよう」っていう意識は子どもたちの中にあると思います。学年の教師に対して。そのために自分たちはがんばろうみたいな。だから、裏を返せば、新しい先生に対しては試すようなこともするし、慣れるまで、暴言とまではいけへんけど、なんか言いたいこと言ったりしますね。

　　　　　　　　　　　　　　　（F先生への聞き取り　2012年7月）

若手の教師や転任者のなかには、この「試し」の洗礼に戸惑う人が少なくなかった。A中に初任者として赴任したある教師は、生徒にあだ名で呼ばれることに当惑していた。自分には「きびしさ」が足りないのではないか。でも「先生と呼びなさい」と叱責すれば生徒は「もうええわ」と離れていってしまう。そんな悩みを抱えていた。だが、あるとき、ベテラン教師に「そんなに頑張らんでもええよ」と声をかけてもらってからは、生徒の発言を柔軟に受け流したり注意したりできるようになり、授業での生徒とのやりとりもスムーズになっていった。

生徒から教師に対してなされる「試し」の意味は、生徒と教師の相互作用の中で変化する。教師がそれを馴れ馴れしさ、不作法、けじめのなさと見なして対処すれば、「試し」は正すべき逸脱行動になる。教師に認められたいという気持ちの現れとみなせば、「試し」は承認欲求の現れであり生徒との信頼関係をつくるチャンスになる。「試し」とは、池田（1996）が指摘した「学校という場で繰り広げられるコンティンジェント（偶発的）な出来事や関係」の例である（第2章第2節）。前回の調査の頃は、生徒の気質を理解できない初任者や他市からの転任者があまりに増えてしまって、A中は「試し」への対応に苦慮していたのだろうと思われる。

若手教師の中には、生徒からの「試し」に対して、「友だち」のような対等な関係をあえてつくり、生徒の苦しみや悩みを受けとめようとする人もあった。

> 「〇〇先生」っていう形で子どもたちと親近感持てたら一番いい話なんですけど、もちろん歳は先生の方が上なんですけど、先生を目上のように思ったら心を開けない子が何人か出てきそうな印象があります。……中略……心を開くっていうのは、自分のことをどれだけわかってくれてるかっていうのを子どもたちがみてるのもあるんですけど、自分もどれだけ先生のことわかってるかっていうことも〔あります〕。それで話してくれてるんで、どっちもどっちなんですね。……

>中略……友だちぐらいのレベルに下げたら、メチャクチャ話が出てくるんですよ、それこそいい情報も入ってくるし、けんか〔の情報〕も入ってくるし、精神的に悩んでるとか、DVの話も出てくるし。
>
>（M先生への聞き取り　2013年7月）

　この教師は生徒に名前を呼び捨てにされていた。授業中などのフォーマルな場では「先生」と呼ぶように生徒を注意してはいたが、それ以外の場ではあえて「先生」という役割を放棄して「友だち」として接することで、生徒との信頼関係を作り上げていたのである。

　生徒の中には、その生育歴の中で、文字通りの意味で筆舌に尽くしがたいほどの苦しみや悩みを抱えてきた者もいる。そのような生徒に対して、教師は、時に「親」の役割を引き受けることもある。

>　修学旅行に行くとね、私、生徒の部屋で寝るんです。たち悪いでしょ（笑）。ほんなら、〔生徒が〕「ほんまに手ぇつないで寝てね」とか。びっくりするでしょ。中3が手ぇつないで寝てねって。もうじゃまくさいから、寝たなと思ったら手ぇ離すんです。「離したらあかん、私まだ寝てない。背中トントンしてな」とか「今日も一緒に寝てな」とか。そんだけ抱えているものが大きいんだろうって思いますね。普通、お母さんがトントンしてくれるじゃないですか。たぶんそれを知らずに育ってきてるから、どっかで甘えたい甘えたいっていう気持ちになる。だから私なんかお母さんみたいなものです。
>
>（G先生への聞き取り　2012年7月）

　このような生徒と教師の情緒的な結びつきは、授業中の教室ではなかなか顕在化しないが、教育相談、学校行事、廊下での立ち話、部活など、様々な場で、少しずつ形成されている。そして、教育活動を円滑に進める資源となるのである。

情緒的な結びつきは、生徒同士の関係の中にも満ちている。A中では、生徒の学校生活は、4、5人の「班」を中心にして動いている。給食当番や掃除当番は班を単位に分担が決まっており、授業中にも班単位の教え合いや話し合いがしばしば行われる。授業中に根気が続かずに教室から出て行こうとする生徒や私語のめだつ生徒もいるが、そういう生徒に班員が声をかける場面はしばしばあった。ただし、班員の関係がしっくりいっていないときは、話し合いをするために机を並べるかえるように教師が指示しても、他の班員から机を離して座る生徒が現れたりする。班の活動を通して、筆者のような部外者にも生徒同士の関係が見えてくるのである。

 班は次のような手順で編成される。まずは生徒の話し合いで班長を決める。班長は立候補が基本である。その後、班長たちは、班長会議で、問題行動がめだったり学習意欲を失ってしまったりしている「しんどい子」を確認する。そして「しんどい子」と密な人間関係がある「支える子」を班に加えるという形で、班のメンバーを決めていく。その後は、月に1回程度、班長会議が開かれ、班や学級で起きているトラブルの解決や、学級・学校行事のすすめ方などについて班長同士で話し合いをしながら、班は運営される。

> 班長6人おるんですけども、クラスに何人かは、どう見てもしんどいやろっていうか、どう考えてもこいつが頑張らんとっていう子が何人かいてるんで、その子らをピックアップしてもらって、この子やったら私声かけれるわとか、面倒見れるわとか、そういう感じでその子を引っ張ってもらって。さらに自分一人ではしんどいから、誰かサポートつけて、その子に合う子を同じ班に入れようかみたいな感じで班メンバーを考えて。時にはしんどいやつ自身が班長に立候補することもあるんで、その時は「お前は誰と一緒やったら頑張れるねん」と〔本人にききます〕。……中略……この前、班長会議で6人集まった時、〔しんどい子が〕クラス全体見渡してみて「このクラス、誰を頑

張らさなあかんねん」って言うたら、「お前が頑張らなあかんやろ」って、周りから一斉に言われて。

(C先生への聞き取り　2011年12月)

　気の合う者同士で「仲良しグループ」を作るために班長に立候補することは許されない。だが、班長は必ずしも「優等生」である必要はない。班長も誰かの助けなしには班長の役目をつとめることはできない。班活動のねらいは支えあう仲間づくりにある。
　仲間づくりは、このような日常の班活動のほか、校外学習、宿泊研修、修学旅行、文化祭・体育祭、クリスマス会、3年生の送別会等々、様々な行事においても行われる。これらのうち、1、2年の宿泊行事、3年の修学旅行、卒業式などの前に行われる「クラスミーティング」は、生徒たちが自分の悩みや仲間に対する気持ちを語り合う場として、A中では特に大切に考えられている。

　　クラスミーティングの最高の目標っていうのは、1年からずっと仲間づくりをしてきて、この仲間に支えられてるから僕はいけるとか、クラスのみんながそういう支えを見つけながら頑張れる、それをみんなの前で言えるっていうのかなって私はイメージしてるんです。この子たちがいるから僕は頑張れたとか、この子に支えてもらってここまで来れたんやとか、一人やったらできへんかったやろうとか、そういう意見を聞きながら、ああ、そうなんやって気づかせてもらった子もいて、それでクラスの中の思いがお互いに通じ合って、ああ、このクラスで頑張れてよかったねっていうのがクラスミーティングかなっていうイメージを持ってます。

(H先生への聞き取り　2012年7月)

　クラスミーティングは、クラスの生徒と担任・副担だけで行われる。教

師は自分が受け持たない組のクラスミーティングには参加しない。生徒たちもクラスミーティングで話された内容を他のクラスの友だちに漏らすことを禁じられている。ほんとうに相手が信頼ができると感じられたときにだけ話せる、思い出すのも辛い、けれども忘れることのできない体験を生徒が話すこともあるからである。ただし、卒業式当日の最後のクラスミーティングについては、保護者に参観を呼びかけた年もあった。

　2014 年 3 月の卒業式当日のことである。ある教室では、椅子を円形に並べて座る生徒一人ひとりに、担任が「一言メッセージ」を読みあげながら手渡していた。実親との関係にとまどいを覚えていた施設に暮らす生徒、家庭の複雑な事情から不登校に陥ってしまった生徒、1 年から 3 年まで代議員をつとめて学年のまとめ役になった生徒など、教室にはいろいろな生徒がいた。生徒へのメッセージには、担任の、感謝、激励、期待、心配などの感情がつまっていた。生徒の中には、教師の「一言メッセージ」に続いて級友に声をかけたり、担任に短い手紙を渡したり、感極まって泣き出したりする者もいた。時間にすれば 20 分ぐらいだったろうか、ごく短い、だが濃密な時間が流れた。

　仲間や教師への信頼に裏打ちされたエモーショナルな絆は、学校で創り出され、教職員と生徒に共有される、教育の資源である[4]。だが、教師と生徒の信頼関係や生徒の仲間づくりは、学級内・学校内で自己完結するものではない。人権教育担当の A 先生は、年間総括のための資料の中で、仲間づくりについて次のような考えを同僚に示している。

　　　　集団づくりや仲間づくりは、とても大事なことです。様々な活動に大きな影響力があることも確かです。しかし、いい集団をつくることやいい仲間をつくることだけが目的では決してないと思います。そこで止まってしまうと、今の仲間・集団（A 中）だけで終わってしまい、卒業後に苦労すると思います。どんな世界（社会）に行っても、そこで仲間や集団を自らつくれる力を子どもたち一人ひとりにつけること

が本当の集団づくりだと思います。集団づくりは、目的ではなく手段なのです。

(A中「年間総括」資料　2012年2月)

　森(2002)は、同和教育実践の学習モデルを、「(生活を)見つめる・語り合う・つながる」というサイクルから「社会への発信・参加・変革」にむけた行動力を生み出すという形で整理している。クラスミーティングは「見つめる・語り合う・つながる」のサイクルが集約的に現れる場である。だが、仲間づくりは学校で完結するものではない。仲間づくりが目指すのは「仲間や集団を自らつくれる力」(A先生)、あるいは「社会への発信・参加・変革」(森)である。A中のような温かい人間関係は学校の外にはない。実際、高校に進学したものの、新しい環境に馴染めず、不登校になったり、留年・中退をしたりする卒業生は少なくない。仲間づくりの真価は、A中を卒業した後に、一人ひとりが、学校、職場、地域社会などとどのように関わり、どのように生きるかというところで、問われるのである。

　第1章で述べたように、同和教育においては、あらゆる教育実践の成果と課題が生徒の「進路」に現れるという意味で「進路保障は同和教育の総和だ」という理念が謳われてきた(部落解放研究所 1988、中野 2000、菜原 2010)。当初、進路保障の焦点課題は就職差別をなくすことだった。その後、高校・大学等への進学、その前提となる学力の保障、進路選択における目的意識の醸成、キャリア教育と結びつけた生き方の探求へと、進路保障の課題は広がっていった。同和教育における進路保障とは、教育達成・職業達成だけでなく、人権意識や社会参加・社会変革の資質と能力に関わる概念である。

　そこで、本節のまとめとして、「総和」としての進路保障という観点から、A中の教育の成果をみていきたい。

(6)「総和」としての進路保障

　前回の調査の頃、A 中の全日制高校進学率は 80％台前半にとどまっていたが、今回の調査の頃には 90％に迫り、大阪府の平均（約 93％）に近づいた。経済的にきびしい状況にある生徒が増えてきていることを考えると、これは大きな成果だといえる。その事情を A 先生は次のように説明してくれた。

> 　こっちの教え方〔の技量〕が上がるだけでは、絶対、子どもら〔の学力〕は上がらない。やっぱり子どもたちの力も必要になるので、そういう仲間づくりとセットであらゆる面の学力をあげていくのが、最終的には子どもたちの進路保障につながっていくんじゃないか。……中略……進学に対する意欲は、ここ数年はどんどんあがってる、子どもたちの意欲というか、行かなあかんというかって部分はあがってると思う。……中略……今までやったら勉強なんかせんでもって、勉強何の意味があるねんっていう感覚の子の割合が多かったようなイメージがある。今は「とりあえず〔勉強を〕やらなあかんのはわかってるけどでけへんのや」って子はいてるんやけど、「そんなんもうどうでもええねん」っていう子の割合は減ってきてる気がします。
>
> 　　　　　　　　　　　　　　　　（A 先生への聞き取り　2012 年 3 月）

　たしかに A 中では、進路選択の前に勉強をあきらめてしまう生徒がほとんどいなくなった。進学率が上昇したのは、仲間づくりが功を奏し、「どうでもええねん」と投げやりになる子が減ったからである。前回調査の頃は、中学 3 年の秋頃、級友が高校進学を意識し出した時期に、その雰囲気に馴染めない生徒が教室からいなくなることもあったのだが、今回の調査の頃、そのような生徒はみられなかった。

　だが、進路保障が目指すのは個人の教育達成・職業達成だけではない。A 中の卒業生としての自覚もである。

次にあげるのは、「A中宣言」をつくる過程で書かれた、生徒の作文の一部である。

> 私はA中学校に入学するのは、本当は嬉しくなかったです。周りの人から話を聞くと、評判はよくない、学力も〔市内の中学校で〕下から一番目か二番目と。他にもたくさん話を聞いてきました。
> でも、A中で生活していくうちに、私のその考えは一変しました。……中略……同じ学年の子達も優しくて温かい子ばかりです。だれか泣いてる子や悲しんでる子がいたら助けるのがあたり前にできる。そんな人達がたくさん集まっています。たまにさわぐし、度がすぎてケンカするときもありましたが、最後には仲直りして笑顔になる。そしてもっと仲良くなるという場面をたくさんみてきました。
> そんなA中でいつまでもあり続けてほしいです。

> 〔みんなの作文の〕ベストセレクションを読んで、改めて思ったことがあった。それは、どんな偏見をもっていようと、私たちはA中の一員であること、そして、もうこのA中学校を卒業するところまできていること。絶対に、将来何があっても、A中学校の一員であったことは変わらないということ。……中略……A中学校が世間の偏見にまみれた中学校でいいのでしょうか。○○さんのお母さんが言ってみたいに、そういう偏見をはね返せるように、知識と強さをもたなければいけないんじゃないでしょうか。
> 私たちがA中生だったことが、これからの人生で、悪い意味じゃなくて、いい意味で影響してくるようになってほしい。

今のA中では越境就学はなくなり、校内で差別的な落書きが見つかるといったこともない。地域住民や元保護者による学校支援も行われるようになった。PTA活動や学校支援のボランティアに積極的なのは、むしろ

A中開校時に新しく校区に組み入れられた地域の住民のほうである。その意味では、A中とその校区は部落差別を乗り越えようとしているといえるかもしれない。

だが、つい10年ほど前までA中は市内で最も転任希望の少ない学校であった。インターネット上の「掲示板」で、A中に関わる差別的な書き込みが見つかったこともある。ふたりの生徒が指摘したように、今でも親族や他校の友人から、「学力が低い」とか「荒れている」といった噂を聞かされる生徒は少なくない。A中は「世間の偏見にまみれて」いる。だから、A中の卒業生には「偏見をはね返せるように、知識と強さ」をもつこと、「仲間を自らつくれる力」をもつことが求められる。校長先生が、3年生に向かって「なんぼ勉強できても、自分のことしか考えられなかったら差別に勝つことはできないと思います」と述べたのもそのためである。

A中の教育実践では、学校での教科学習や家庭学習支援を通じた教科の学力保障と、「仲間を自らつくれる力」や「偏見をはね返す知識と力」を身につける人権学習とが分かちがたく結びついている。志水（2012）の言葉を借りるならば、前者は、一人ひとりが安定した仕事やくらしを得るために、すなわち「ライフチャンス」の平等を、後者は、差別のない社会を目指す生き方のために、すなわち「ライフスタイル」の変革を志向する実践ということになる。そして、両者を結びつけるのは「仲間づくり」である。仲間は日常の教育活動を円滑に進める資源であるとともに、仲間づくりの過程それ自体が「仲間をつくれる力」「偏見をはね返す知識や力」を実地で身につける機会にもなっている。学力保障、人権学習、両者を結びつける仲間づくり、地域と学校が協力した教育活動や生活・家庭支援、それらすべての集大成としての卒業生の姿。これがA中の「総和」としての進路保障ということになる。

学力に読み書き算を中心とする基礎学力のようにペーパーテストで測定できる部分と、思考力・判断力・表現力や他者と協力して問題解決を図る能力のようにペーパーテストで測りにくい／測れない部分があるように、

進路にも、進学率のように客観的・数量的に把握できる面と、進学の動機やA中卒業生としての自覚、成人市民としての生き方など、質的にしか把握できない面とがある。前者（高校進学率）について改善の傾向が見られることは先に述べたとおりである。では、後者の面はどうだろうか。

　次に挙げるのは、調査期間中、A中で教育実習をしていたある卒業生が、授業中に生徒に語りかけたことばである。

　　中学に入ったとき、学校、メッチャ荒れててん。今、みんなもいろいろあると思うけど、私らも毎日のように怒られて。私はヤンキーやなかったけど、おとなしいタイプでもないんで、その時、すっごく先生に不満やってん。なんで私らまじめにしてるのに、まじめにやってるほうが損やって、先生に文句言っててん。でも、卒業式の時には先生も生徒もつながりがすごく強くなって。最後のクラスミーティングではみんなすごく仲良くなって。最後はA中生でよかったねって言えるぐらいになってん。

　　みんなしんどいこといっぱいあって、友達にあたってしまったりすることとか、あると思う。でも、話してみると、同じ境遇やったんやとか同じようなしんどい思いしてたんやって、その時はじめてわかってん。学校でタバコ吸って先生に追い返されたりした子もおったけど、卒業式の日のミーティングで、やんちゃしてた子がほんとうはちゃんとしたかったって言ってて。……中略……ある子はそのあとすごく頑張って、勉強して、公務員になってん。あの時、後悔したから頑張れたって。

　　そういうのをみてきたから、今、メッチャ先生になりたいと思ってんねん。中学の時は先生が嫌で、絶対先生になんかならんとこって思っててんけど、でも、卒業してみんなの話聞いて、「先生にあの時にああ言われたから頑張れた」とかきいて。

　　　　　　　　　　　　　　　　　（筆者のフィールドノーツ　2016年9月）

第4章　A中学校の学力保障―現状編―

　この若者がA中に在籍していたのは、前回調査（2004年～2005年）の少し後の頃である。当時のA中は、まだまだ学習指導と生徒指導の両面にわたって多くの課題を抱えていたが、それでも人権学習とクラスミーティングは大切に続けていた。その当時の教師たちの努力は、たしかにこの若者の進路に大きな影響を与えたのである。
　この若者がA中に在学していた頃、PTA会長として他の保護者や地域住民をまとめあげて教職員とともに夜回りを始めた人もまた、A中の卒業生であった。今もこの人は若者による中学生・高校生の「居場所づくり」を支援している。年度初めのPTA総会の席上、この人は次のように保護者に呼びかけた。

> 　毎年見ていると生徒がじわじわ減ってるのを感じますし、先生も減ってます。こんなこと言っていいかわかりませんけど、A中は学力がしんどい学校だといわれてます。先生だけでは変わらないけれど、保護者のサポートがあればきっと学校はよくなると思います。1年生は去年から合宿が始まりました。今年は〔合宿で生徒と一緒にやる〕カレー作りに保護者が13人参加してくれるそうです。中学生は親と気持ちが離れがちな時期ですが、そういう時こそ、学校のため、地域のため、子どものために協力できたらと思っています。自分自身、A中に通って、いろんないい思いをしました。今の自分があるのもA中のおかげだと思ってます。皆さんと手を携えてやっていきたいと思いますので、今後もよろしくお願いします。
> 　　　　　　　　　　　　　（筆者のフィールドノーツ　2015年4月）

　1年生の合宿は、入学して日の浅い5月に、新入生の仲間づくりのために行われる行事である。合宿は市内の野外活動施設で行われるが、そこには保護者がボランティアで参加し、生徒と一緒に飯ごう炊さんをしている。また、夜には1年生にとっては初めてのクラスミーティングが開かれる。

第1節　復興の時代—2010年代—

　進路保障の質的な面の成果は、一人ひとりの生き方（ライフスタイル）の変容に現れる。それは、生徒の卒業後何年かたってから、場合によっては一世代たってから、明らかになる。教育実習生の若者やPTA会長のような人が生まれ、中学校区としての教育活動や学校支援が盛んになりつつあるのは、A中が何年もかけて積み上げてきた進路保障の成果である。

　次の図10は、2010年代のA中教育の変化をまとめた図である。A中では、①市教委の異動希望調査が見直され、若手の創意とベテランの助言や支援がかみ合って、教職員組織が活性化するとともに、②保護者・住民のボランティア活動、支援学校や福祉行政などとの連携・協力が軌道に乗り、③ユニバーサルな授業づくりと個別的な支援を組み合わせた「生活と発達の包括的保障」をめざす教育実践が展開されるようになっている。これらは表層レベルの変化であるが、その底流には、④A中が変わらず大切にしてきた、生徒同士・生徒と教師の情緒的なつながりをつくり出す実践がある。⑤そして、以上の要素が結びつくなかで、生徒の問題行動が減少し、高校進学をあきらめる生徒がいなくなり、高校進学率が回復するという成果が現れている。

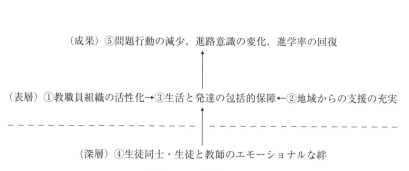

図10　2010年代のA中

図示はしていないが、卒業生の生き方や価値意識に現れる長期的な教育成果も忘れてはならない。仲間を大切にする姿勢やA中への愛着は、10年、20年、あるいは一世代という時間の経過を経て顕在化し、地域からの学校支援の土台ともなっている。「総和」としての進路保障という観点に立つならば、進路保障の質的な面を考慮するならば、学力テストの成績や進学率だけに注目してA中の教育成果を論じることはできないのである。

そうした留保条件をつけた上で、次の節では、数量的に測定が可能な教科の基礎学力に着目し、「効果のある学校」の視点から、A中の学力保障の成果と課題を明らかにしたい。

第2節　「効果のある学校」の観点からみたA中

(1) A中の学力保障の歩み

2011年の秋にA中でフィールド調査を再開して間もなく、筆者も参加する大阪大学の研究者グループが、大阪府内の小・中学校で学力調査を実施することになった。この調査は1989年、2001年、2013年の3時点で、児童・生徒の生活実態・生活意識と学力の変化を追跡できるように設計されており、A中には3回の調査すべてに協力をしていただいた。この節では、これら3回の調査の結果と、第3章および第4章第1節の記述をふまえて、過去四半世紀にわたるA中の学力保障を総括的に評価したい。

次の年表は、これまでの記述をもとに、A中の教育の歩みをまとめたものである。なお、各期の見出しは、第3章の第2、3、4節と第4章第1節のそれに対応している。まずは、この年表を参照しながら、3回の調査（下線部）がA中にとってどのような時期に実施されたのかを確認したい。

年表　A中学校の歩み

〈確立と展開〉の時代

1960 年　隣接する市との合併。同和地区だけからなる X 中校区は存続。
1962 年　学力テスト反対闘争。X 中では生徒の大半が白紙で答案を提出。
1972 年　同和地区の保護者組織「教育守る会」発足。
1976 年　A 中学校開校。
1980 年　この頃、抽出促進指導が軌道に乗る。
1984 年　第 1 回教育研究集会。
1985 年～1986 年　校内で差別的な落書きやメモがあいついでみつかる。
　　　　　　　　　この頃、人権・部落問題学習の体系化がはかられる。
<u>1989 年　大阪府教委の学力調査（1989 年調査）。</u>

〈転換〉の時代

1990 年　同和地区の生徒の高校進学率が約 7 割に下落。
　　　　地元運動体が「学力非常事態宣言」。
　　　　英語科で「二分割授業」を導入。以後、抽出促進指導、TT、少人数授業を併用。
1991 年　教育研究集会で学校関係者・保護者・地域住民が激論。
1993 年　同和地区の保護者を中心に子育てサークルの活動が始まる。
1994 年　文部省同和教育研究学校の委嘱をうける（1995 年度まで）。
　　　　「原学級」での授業改革、「A 中タイム」の試み。
1995 年　大阪府教委ふれ愛教育推進事業（1999 年度まで）。
　　　　「教育守る会」解散、「子育てネットワーク」発足。
　　　　この頃、フィールドワークや調べ学習を取り入れた人権カリキュラムの刷新。
1998 年　この頃、「人権総合学習」の試行。
2000 年　大阪府教委総合的教育力活性化事業。A 中校区地域教育協議会発足。
<u>2001 年　東京大学グループの学力調査（2001 年調査）。</u>
　　　　A 中校区が文科省人権教育総合推進地域事業の委嘱を受ける（2003 年度まで）。

〈模索〉の時代
2002 年　同和対策事業のための時限立法(「地対財特法」)が期限切れをむかえる。
2004 年　「学校効果調査」。
2006 年　最後の教育研究集会。

〈復興〉の時代
2010 年　PTA のよびかけで夜回り・清掃の活動が始まる。
2011 年　校区で花を育てるボランティアが始まる。
　　　　文科省人権教育推進事業の委嘱を受ける(2012 年度まで)。
2012 年　地域における中学・高校生の居場所づくりの活動が始まる。
<u>2013 年　大阪大学グループの学力調査(2013 年調査)。</u>
2014 年　3 月の卒業式で「A 中宣言」を発表。

　1989 年の 1 回目の調査の目的は、同和地区の児童・生徒の学力不振の実態解明であり、この調査を受けて大阪各地で授業改革や地域教育改革運動が盛んになった。

　調査が行われた頃の A 中では、越境就学は終息し、人権・部落問題学習の体系化が図られていた。当時の学力保障の中心的課題は同和地区の生徒の低学力の克服にあったが、抽出促進指導の対象者は同和地区の生徒に限定されていなかった。それは、地区の周辺地域にも極端な学力不振の生徒が少なくなかったためである。

　2001 年の 2 回目の調査の目的は、折から指摘されていた「学力低下」の実態解明である。この調査では全体としての学力低下とともに、同和地区内外の学力格差が拡大していることも明らかになった。調査結果は全体としてきびしいものであったが、この調査で社会集団間の学力格差を縮小させる「効果のある学校」が見出されたことは、その後の研究と実践に大きな影響を与えた。これ以降、学力保障のための学校づくりの実践的・応用的研究がすすみ、その研究成果は「力のある学校」(「力のある学校」研究会 2008、志水 2009)という学校づくりのモデルに結実した。

A中でこの調査が行われたのは、同和地区の隣接地域の学力不振が以前にも増して深刻になり、「学校全体の学力低下」(A中)が進行していった時期にあたる。この頃、A中の学力保障実践の重点は抽出促進指導から日常の授業改革へと移っていた。少人数による学習、班活動、「調べ学習」や読書・図書館教育、総合的な学習の時間を活用した人権学習（人権総合学習）など、学習意欲や知的好奇心を育む授業づくりが試みられた。一方、地域でも、生活の比較的安定した層を中心として保護者の自発的な子育てサークルが立ち上げられた。しかし、その後まもなく、A中での勤務経験が長かった教職員の退職および転出、同和加配の縮小・廃止、地域教育運動の求心力の低下に伴い、改革の試みは壁に突き当たった。2004年に実施された「学校効果調査」(第3章第4節)でも、A中の成績は振るわなかった。

　2013年の3回目の調査の目的は、1989年と2001年の調査との比較を通じて、学力水準や学力格差の変動を明らかにすることである。この調査では、全体として学力水準の低下に歯止めがかかり、学力格差も縮小傾向にあることが明らかになった。さらに、学校の格差縮小効果が継続している学校や、逆に格差縮小効果が見出せない学校でフィールド調査が行われ、学校内の取り組みとともにそれを支援・促進する教育政策・社会政策が格差縮小に一定程度の役割を果たすことが明らかにされた（志水・髙田 2016）。

　この調査は、A中の教育が停滞期から脱しつつあるさなかに行われた。当時のA中は、新たな学校づくりの途上にあった。そのポイントは前節の図10に示したとおりである。

　さて、A中の2010年代の取り組みは、生徒の学力と学習の状況にどう影響しているのだろうか。

　A中では、教育活動を自己診断するために、毎年、生徒とその保護者にアンケートを実施している。また、全国学力・学習状況調査の質問紙については学力保障担当の教師が中心になって詳しい分析を行っている。これ

らの調査の結果について、A中は、基本的生活習慣や家庭学習習慣に関しては依然として課題が残るが、「ことばの力」を育む授業づくりや仲間づくりに関しては生徒の意識が肯定的になってきたと評価している。

A中が作成した教職員の加配要望書（2015年11月）によると、全国学力・学習状況調査の生徒質問紙の「自分の考えを発表する機会が与えられていたと思いますか」という問いに「当てはまる」「どちらかといえば、当てはまる」と回答した生徒の率は、2012年度から2015年度にかけて、50.6％→65.6％→69.4％→84.0％と推移している。「話し合う活動をよく行っていたと思いますか」という問いに肯定的な回答をした生徒の率は、同じく、44.4％→65.6％→65.9％→77.7％と推移している。いずれの質問でも、肯定的な答えは全国の平均（それぞれ、85.8％、77.8％）と同等で、大阪府の平均（それぞれ、78.6％、67.0％）を上まわるようになっている。

客観的なデータから判断すると、卒業・入学に伴って生徒が入れ替わってもこれらの問いへの肯定的な回答が一貫して増えていることから、言語活動の活性化や集団による問題解決をめざす授業づくりは定着しつつあるといえる。

(2) 学力状況の推移

しかし、数字は冷厳である。教職員の懸命な努力にもかかわらず、A中の生徒の学力状況は、過去四半世紀、一貫して振るわないままである。以下、3回の学力調査の結果をもとに、社会経済的に不利な立場にある集団とそうでない集団の学力格差を縮小する「効果のある学校」という観点から、A中の調査結果を見ていこう。

2013年の調査では、次のような手続きで「効果のある学校」を操作的に定義している。まず、学習塾に通っているグループと通っていないグループについて、国語と算数・数学の合計得点を計算し、小学生では130点、中学生では110点以上だった児童・生徒の率を出した。これが「通過率」である。通過率が高ければ学力不振の児童・生徒が少なく、通過率が

第2節 「効果のある学校」の観点からみた A 中

表14　3時点の各校の通過率（小学校）

小学校 学校番号	1989年			2001年			2013年		
	非通塾	通塾	全体	非通塾	通塾	全体	非通塾	通塾	全体
101	85.0	100.0	86.4	87.5	一(※)	87.5	80.0	50.0	66.7
103	84.5	84.0	84.3	53.8	78.3	65.3	87.0	100.0	90.6
106	69.0	70.0	69.1	21.7	60.0	39.5	72.2	93.3	79.8
108	59.5	89.5	69.6	63.2	60.0	62.5	13.6	50.0	21.4
109	75.3	78.9	76.0	43.6	80.0	57.8	68.0	70.0	70.0
110	96.6	100.0	97.5	84.5	100.0	87.0	92.7	100.0	95.3
111	64.9	74.3	67.9	69.1	100.0	73.4	70.1	82.1	73.3
112	69.4	87.5	75.0	39.0	40.0	39.1	71.1	75.0	72.2
115	79.4	95.8	82.6	70.0	66.7	69.4	71.4	77.3	72.6
116	80.4	85.7	81.1	76.9	80.0	77.8	100.0	100.0	100.0
117	91.3	92.5	91.8	57.7	70.6	63.9	70.6	90.9	78.6
119	66.7	68.2	67.1	77.4	93.8	83.0	66.7	100.0	75.7
121	86.9	87.5	87.0	77.6	80.6	78.6	80.3	84.9	84.9
122	75.8	95.0	83.0	50.0	50.0	50.0	72.7	100.0	81.3
123	82.4	75.0	78.8	68.4	85.7	73.1	66.7	92.9	76.9
15校トータル	78.6	87.6	81.4	64.3	76.8	68.1	72.3	87.8	76.9

（※は小規模校で塾に行っている児童がいなかったため、データは欠損）

表15　3時点の各校の通過率（中学校）

中学校 学校番号	1989年			2001年			2013年		
	非通塾	通塾	全体	非通塾	通塾	全体	非通塾	通塾	全体
201	100.0	87.5	92.3	76.2	87.5	81.1	73.7	100.0	81.5
202	85.7	95.0	91.0	56.5	84.2	73.8	66.7	77.3	73.8
203	67.6	92.5	82.2	53.1	83.6	73.1	68.6	83.0	75.5
204	71.9	90.4	84.5	71.7	82.1	77.9	72.2	83.0	78.3
209	76.9	89.5	82.2	70.8	95.5	80.3	70.9	87.7	78.1
210	69.4	78.7	74.0	62.2	86.4	71.2	66.7	73.3	70.2
212	55.9	75.0	65.2	55.6	80.8	64.8	41.9	70.0	48.8
213	43.4	65.7	54.8	29.7	77.5	54.8	64.6	74.0	69.5
214	83.5	93.0	90.0	50.8	82.6	71.8	65.0	83.7	77.8
9校トータル	71.6	86.3	79.6	56.3	82.9	69.9	64.4	80.3	72.4

（212番が A 中学校）

低ければ学力不振の児童・生徒が多いことを意味する[5]。

表14と表15に、3回の調査の通過率を示した。表14は小学校の、表15は中学校の結果である。「学校番号」は3回の調査に共通する整理番号である。212の学校がA中にあたる。なお、102や205のように欠番となっている学校は、2001年の調査が実施できなかった学校である。卒業生がA中に入学するB小も、2001年の調査が実施できなかったので、表14には載っていない。

2つの表からは、3時点ともほぼすべての学校で通塾グループの通過率が非通塾グループを上まわっていることがわかる。特に1989年から2001年にかけては非通塾グループの通過率がひどく落ち込んだために、格差が拡大した。だが、110や209の学校のように、両グループの通過率が高い水準で安定していて、学力格差が小さい学校もある。このような学校が「効果のある学校」である。

A中の学力状況を調査校全体と比べてみよう。1989年から2001年にかけて、調査校全体では非通塾グループの通過率が大きく落ち込んだが（71.6%→56.3%）、A中（212）の非通塾グループの通過率は変化してない（55.9%→55.6%）また、調査校全体では通塾グループの通過率もやや低下（86.3%→82.9%）したが、A中の通塾グループの通過率は上昇して全体の通過率に迫っている（75.0%→80.8%）。1990年代のA中では学校全体の学力不振に対応して授業改革が試みられた。当時のA中は「効果のある学校」とまではいえなかったが、授業改革が学力形成において不利な立場にある層（非通塾グループ）のいっそうの学力低下を防ぎ、有利な立場にある層（通塾グループ）の学力をのばした可能性はある。ただし、当時の調査では、学校の取り組み状況に関する質問紙調査やインテンシブなフィールドワークは行われていない。上で述べたことは、残された資料からの筆者の推測である。

2001年から2013年にかけて、A中の通過率は大きく低下した。学年全体では64.8%から48.8%、通塾グループでは80.8%から70.0%、非通塾

グループでは 55.6% から 41.9% への低下である。いずれの通過率も、3 時点の比較が可能な 9 校のなかで、最も低くなった。また、通塾率が調査校全体 (49.7%) の半分以下 (23.3%) にまで低下したことも注目されるべきであろう (表 17)。これは、学力を身につける上で不利な条件下にある生徒がそれだけ増えたことを意味する。

　2013 年の調査対象学年の学力状況・生活状況が例年より特にきびしかったわけではない。学力状況は他学年と比べる資料が存在しないが、生活状況については次のような数字が残っている。調査対象学年が 3 年に進級した時の就学援助率は 52% で、全校の 48% とあまりかわらない (2014 年 5 月)。ひとり親・児童養護施設に暮らす生徒の率は合わせて 34% で、これも全校の 34% と同等である。卒業時 (2015 年 3 月) の全日制高校進学率は 88.5% で、前年度の 84.0%、前々年度の 91.0% と比べて特に低いわけでもない。2013 年調査で観察された通過率の低下と通塾率の低下は、おそらくこの学年固有の事情によるものではない。A 中の生徒の生活と学力の一貫した変化の現れである。

　次の表 16 と表 17 に、児童・生徒の生活背景と学校の効果との関連を示した。表 16 は小学校の、表 17 は中学校の結果である。

　2 つの表には、子どもたちの生活背景の指標として、「生活背景スコア」を示している[6]。このスコアが高いほど、その学校には社会経済的に不利な立場におかれた児童・生徒が多く在籍することを意味する。表では、学校を生活背景スコアの昇順で並べた上で、塾に行っているグループと行っていないグループの両方の通過率が小学校で通過率が 80% を超えた場合と中学校で通過率が 70% をこえた場合に○を記した。また、両グループの通過率が小学校で 70%、中学校で 60% を超えた場合には△を記した。

　表 16 と表 17 からは、次のような事柄が読みとれる。第一に、効果のある学校の数は、1989 年から 2001 年にかけていったん減り、2001 年から 2013 年にかけて増加に転じている。3 時点で○をつけた学校の数は、小学校では 6 → 1 → 4、中学校では 4 → 3 → 4 と推移している。3 回の調査す

第4章　A中学校の学力保障―現状編―

表16　3時点の学校の効果（小学校）

学校番号	1989年			2001年				2013年							
	有効回答（人）	効果	通塾率（％）	有効回答（人）	効果	通塾率（％）	有効回答（人）	効果	要保護	準要保護	ひとり親・両親不在	外国籍	生活背景	通塾率（％）
101	24	○	9.1	10		0	10		1	1	2	1	5	40.0
103	87	○	30.1	55		46.9	36	○	1	2	1	1	5	28.1
123	35	△	50	26		26.9	37		1	2	2	1	6	43.8
117	153	○	45.7	72		47.2	31	△	2	2	3	1	8	39.3
121	81	○	20.3	127	△	30.8	95	○	2	3	3	1	9	23.0
106	89		11.8	49		42.9	99	△	1	5	3	1	10	34.5
115	128	△	20.5	91		17	129	△	3	3	3	1	10	20.2
116	53	○	13.2	22	△	23.8	19	○	4	3	3	1	11	47.1
110	121	○	25	76	○	14.5	66	△	4	4	3	1	12	35.9
112	110		30.2	61		10.4	66	△	4	3	4	1	12	29.8
122	56	△	37	29		46.2	16	△	4	3	4	2	13	31.3
111	111		32.1	80		13.9	112		5	5	4	1	15	26.2
109	103	△	19.8	67		40	43		4	4	4	5	17	35.7
119	85		28.9	53	△	36	39		4	4	3	6	17	26.3
108	57		33.3	34		18.5	32		6	6	5	2	19	21.4
	1293		27.9	852		28.6	830							29.4

140

第2節 「効果のある学校」の観点からみたA中

表17 3時点の学校の効果（中学校）

学校番号	1989年			2001年				2013年						
	有効回答（人）	通塾率（%）	効果	有効回答（人）	通塾率（%）	効果	有効回答（人）	効果	要保護	準要保護	ひとり親・両親不在	外国籍	生活背景	通塾率（%）
201	60	60.4	○	39	43.2	○	31	○	1	1	1	1	4	29.6
202	216	43.3	○	125	61.8		73		1	2	3	1	7	73.8
214	327	69	△	190	65.6		138	△	2	2	3	1	8	71.4
204	221	67.2	○	124	60.7	○	104		3	3	3	1	10	56.3
210	105	48	△	67	36.5	△	65	△	4	3	3	1	11	51.7
203	197	57.9	△	103	65.3		107		4	3	4	1	12	48.0
213	274	51.5		148	52.1		219	△	3	4	4	1	12	50.7
209	254	42.3	○	178	39.1	○	180	○	4	4	4	1	13	42.0
212	148	48.5		95	32.5		100		5	4	5	1	15	23.3
	1802	54.5		1069	50.7		1017							49.7

(212番がA中学校)

要保護
1：1％未満
2：1％以上3％未満
3：3％以上5％未満
4：5％以上10％未満
5：10％以上20％未満
6：20％以上

準要保護
1：10％未満
2：10％以上20％未満
3：20％以上30％未満
4：30％以上40％未満
5：40％以上50％未満
6：50％以上

ひとり親・両親不在
1：5％未満
2：5％以上10％未満
3：10％以上20％未満
4：20％以上30％未満
5：30％以上

外国籍
1：1％未満
2：1％以上3％未満
3：3％以上5％未満
4：5％以上10％未満
5：10％以上20％未満
6：20％以上

べてで効果が高いと判定できた学校は、小学校 1 校（110）と中学校 3 校である（201、204、209）。これら 4 校に準じて効果が認められるのは 121 と 116 の小学校である。このように、学校の効果は消長をくり返しており、効果のある学校を創り出しそれを持続させることが非常に難しいことがわかる。興味深いことに、110 の小学校と 121 の小学校、209 の中学校は、同じ中学校区の学校である。これはたんなる偶然ではない。校区全体としての取り組みが成果をあげた結果であると考えられる（若槻・西 2016）。

　第二に、「生活背景スコア」の高い学校、すなわち児童・生徒の社会経済的状況がきびしい学校では、学校の効果が現れにくい傾向にある。先行研究と同様の結果である（志水 2006、2009、志水・伊佐・知念・芝野 2014）。小学校では生活背景スコアが高い 6 校（112、122、111、109、119、108）では○がひとつも出現しない。中学校では学校数が少ないこともあって、生活背景スコアと学校の効果の関係は明瞭ではないが、209 を例外として、生活背景スコアが高い学校（203、213、212）では、効果が現れにくい傾向にある。

(3) 学力格差縮小効果の発現を阻害する要因

　これまでの「効果のある学校」研究では、社会経済的にきびしい状況にある生徒が多い学校が成果をあげるためには、保護者・地域住民との協力や教育・福祉行政からの支援が重要であることが示唆されている（大阪大学大学院人間科学研究科 2012）。学校における教育実践は、校内で自己完結的に行われているわけでない。校区の社会経済的状況、地域における教育活動、自治体の教育政策・福祉行政といった文脈のなかで行われている。そして、このような学校内と学校外の要因との関係は、歴史的に形成され、変化していくものである。

　ここでは、志水・髙田・西（2014）と若槻・西（2016）による「『効果のある学校』の持続／成立阻害要因」の分析枠組みを使って（一部の表現は修正）、A 中で学校の効果の発現が妨げられてきた要因とそれらの要因が

克服されつつある様を分析したい。次の図 11 が本章で用いる分析枠組みである。

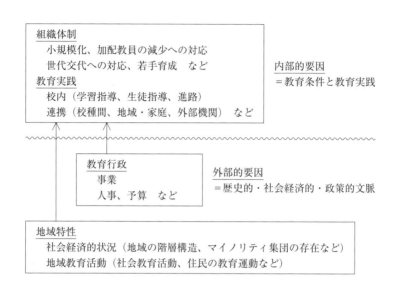

図 11 「効果のある学校」の持続／成立阻害要因

　この図は、学校の学力格差縮小効果の持続／成立阻害には、学校の教育条件や教育実践というミクロレベルの要因、学校が位置する校区の特徴や自治体の教育政策というメゾレベルの要因、ナショナルレベルの社会変動や社会政策・教育政策の変化というマクロレベルの要因が複合的に作用していることを想定している。

　「効果のある学校」の持続／成立阻害要因は、内部的要因と外部的要因からなる。内部的要因は、小規模化や行政政策の変化への対応、教員の世代交代を巡っての若手教員の育成などといった「組織体制」と、学習指導や生徒指導、進路指導、異なる校種の連携や地域・家庭間、外部組織との連携といった「教育実践」とに分けることができる。一方、外部的要因は、人事・予算措置・研究指定などを通して「教育行政」から学校に対して行

第4章　A中学校の学力保障―現状編―

われる支援と、校区の階層構造やマイノリティ集団の社会運動・教育運動などの「地域特性」とに分けることができる。外部的要因は、学校にとっては所与の条件であるが、行政への要望や地域との連携活動などを通して、学校からの働きかけによってある程度までは変えることができる。さらに、この図の外側には、マクロレベルの社会変動や社会政策・教育政策という要因が存在している。具体的には、労働市場の変動、同和対策事業や児童・家庭福祉政策や住宅政策などである。

①**外部的要因**

・地域特性

　A中の校区の経済状況には以前からきびしいものがあったが、1990年代以降、それが顕著になってきている。同和対策事業で建設された公営住宅では少子・高齢化が進み、貧困・生活困難層が増えつつある。同和地区に隣接する地域にも低廉な家賃の民間借家が多く児童養護施設もあることから、A中には、生活基盤が不安定だったり剥奪されたりした生徒が少なくない。就学援助を受ける家庭やひとり親家庭の率は、過去20数年間で倍近くに増えた。

　一方、地域における教育活動にはかつてほどの勢いがない。A中校区の同和地区では、解放子ども会が組織され、小学生・中学生の放課後活動や保護者会の活動が行われていた。1990年代には家庭教育の充実や学校ボランティアの活性化などをめざして地域教育運動が展開されたが、これらは大きな生活課題を抱えた層には浸透せず、新たな教育運動もその担い手の世代交代がうまくはかれなかった。

　近年、地域の教育運動・教育活動は停滞から脱しつつある。例えば2010年に中学校のPTAの呼びかけで始まった校区の夜回り・清掃活動は、地域住民、校区の小学校、A中卒業生が多く進学する近隣の高校や支援学校の参加のもと、行われるようになっている。2012年にはかつて解放子ども会活動を経験した若者が、中学生・高校生の「居場所づくり」の活動

を始めている。

・教育行政

　かつてA中には、同和加配によって手厚い人的なサポートが行われていた。1990年代の初頭までは、学級定員を35人に引き下げる「引き下げ加配」、地域の子ども会や保護者会の活動と連携するための「地域担当」、学年付きで入り込み・分割授業や抽出促進指導を担当する「学力保障担当」、養護教諭と事務職員の加配が措置されていた。また、B小とともに様々な研究指定事業を委嘱され、予算的・人的支援が行われてきた。

　1990年代後半以降、同和加配は縮小・廃止されていき、今では一般対策の枠組みでの加配があるのみである。2013年度の加配は、児童生徒支援加配が2、学力向上に関わる大阪府単費の加配が1、少人数指導が3、事務職員1である。行政からの人的支援は維持されているとはいえ、生徒の生活と学力の状況が年々きびしくなるなか、加配の数はピーク時の約3分の1になっている。加えて、生徒数の減少に伴って教職員の基礎定数も減り、学校運営は難しくなりつつある[7]。

②内部的要因

・組織体制

　A中に対する行政からの人的支援は手厚かったといってよいが、市の人事異動の慣行には大きな問題があった。かつて行われていた異動時の希望調査では、学力状況がきびしかったり生徒指導上の問題が多発したりする学校への異動を希望する教師はまれだった。その結果、A中では、他校よりも教師の勤続年数が長くなる傾向があった。

　それでも2000年頃までは、教師の献身に支えられ、多少の波はあったものの、学校運営は安定していた。だが、ベテラン教師がいちどきに転出・退職し、初任者と他市町からの転任者が急増すると、組織的な学習指導・生徒指導は難しくなった。2000年代の中頃には生徒の問題行動が多

発し、赴任後1、2年でA中を去る教師さえ現れるようになった。
　その後、教職員組合と市教育委員会の交渉を経て異動希望調査の慣行は改められ、年齢、教科指導・生徒指導の経験、地域事情に明るいことなどが、人事異動の際に配慮されるようになった。こうしてA中では、「若手」教師が学級担任の主力となり、「ベテラン」教師が副担や学年代表として担任をバックアップし、「中堅」世代が、人権教育、生徒指導、こども支援コーディネーター、支援教育コーディネーター・学力向上といった校務分掌の要を受け持つ体制ができ、学校をあげて授業づくりに取り組めるようになってきた。

・教育実践
　1990年代のA中は、通常学級での少人数指導や総合的な学習の先駆けとなる地域学習を試みるとともに、地元の保育所・幼稚園・小学校や保護者とともに読書教育に力を入れた。だが、2000年代以降は、子どもたちの生活状況がきびしくなっていったことと先述した教職員組織の問題とが相まって、取り組みは行き詰まってしまった。
　2010年代のA中およびA中に卒業生が入学するB小では、学力保障を目指す新たな試みが始まっている。2009年には校区の保育所・幼稚園・小・中学校の代表が集まった「子どもたちの学力向上にむけた懇談会」が始まり、校区として子どもに身につけてほしい力について共通理解をはかったり、中学校の研究授業と研究討議に小学校の教員が参加したりするなど、校種間連携の立て直しがはかられた。また、A中学校の開校の意義、これまでの取り組み、校区の特色などについて、夏休みなどの長期休業時に小・中学校の共同研修を行うようになっている。
　A中では、特別支援教育の視点から「すべての子どもが学びやすい」教育・学習環境づくりに力を注ごうとしている。また、A中では、随時、普段の授業の公開を行っているが、そのときは授業づくりのポイント（授業規律、集団による課題解決、自己肯定感の向上、指示の明確化）にそった参観

チェックシートが使われ、教科の枠を超えて授業を観察する視点を参加者が共有できるようになっている。学期に1回行う研究授業の指導案検討や研究授業の前の模擬授業も、教科に関係なく同じ学年を受け持つ教師が相談して行うようになっている。A中では、生徒数減に伴って学校規模が縮小し、教師の世代交代に伴って「若手」教師の占める割合が増えていく中、教職員の参加意識と組織力を高める校内研究が目指されている。

③まとめ

前節で述べたように、A中の教育が立て直しの途上にあることは間違いない。けれども、現時点においては、A中の学力状況はきびしいままである。A中自身は、このことを次のように総括している。

> この数年は、「地域のすべての子どもに学力と進路を保障していく」という公立学校の使命の上で、これまでの取り組みを土台に、学校生活の基本である授業を大切にするために、生徒の自主・自律をめざし、「あかんもんはあかん」という指導や「生徒会活動の充実」「生徒・家庭支援」「地域教育力の再構築」に力を入れ、その結果、一時の「荒れ」の状況からは少し落ち着きを取り戻してきました。
>
> しかし、子どもたちが抱えているきびしい背景に起因する"様々な課題"は本質的には変わっておらず、むしろきびしさを増している部分もあります。そのような課題を再認識し、そのなかで、子どもたちの豊かな学びのためになにができるかを常に考え、課題を背負いながら通ってきている子どもたちに、とことん最後まで向き合って取り組んでいきます。
>
> （A中学校の2015年度の加配要望書）

「子どもたちが抱えているきびしい背景に起因する様々な課題」は数多い。前節で触れた生徒の「試し」も、他者を心底から信頼できる経験を生

育歴の中で奪われてきたがゆえの行為である。そうした生徒の生活背景を教師が見誤って不適切な対応をとろうものなら、生徒と教師との関係には致命的な悪影響が及ぶ。また、学校の学習環境や授業のあり方には変化が認められる一方、家庭での学習習慣にはなかなか変化がみられない。例えば、2013年の調査では、家で勉強を「ほとんどしない」という回答は44.9％にのぼり、調査校全体平均の36.7％を大きく上まわった。家庭学習に対する保護者の配慮が弱いといってしまえばそれまでなのだが、日々の生活に追われ、基本的生活習慣や学習習慣に目を向ける余裕がない家庭が多いのである。

　こうした状況に対して、A中では、毎日の宿題を統一プリントで出してそれを学級担任が回収・確認したり、定期テスト前に放課後勉強会をしたり、宿題以外の自主学習用のプリントを整備したりするなど、家庭学習習慣の形成に力を入れている。また、校区の社会教育施設や児童養護施設に出向いて、学習のサポートを行っている。けれども、そうした教師の努力は、目に見える形での成果をあげてはいない。

第3節　学校における貧困の現れ

　ある学校が「効果のある学校」になるかどうかは、学校の内部的要因（教育実践とそれを推し進める組織体制）だけでなく、外部的要因（地域の社会経済的状況、地域の教育運動・教育活動、当該自治体の教育行政）に左右されることを述べてきた。外部的要因に恵まれているからといってすべての学校が「効果」を発揮できるわけではない。しかし、外部的条件があまりにきびしいと、学校が「効果」を発揮するのは至難である。

　A中の場合、①同和地区とその周辺地域に広がる貧困、②地域教育運動の中で行われていた子育てや教育に関する学習や交流の消滅、③地域と学校の間に共有されていた人的ネットワークの衰え、④同和対策事業の縮小・廃止、⑤不適切な人事異動の慣行といった悪条件が、学校の効果の発

現を妨げてきた。端的に言えば、①は家庭の経済資本の、②は家庭の文化資本の、③は家庭・学校と地域（校区）に蓄積されてきた社会関係資本の劣化に関わる変化であり、④や⑤は教育行政の抱えてきた問題だといえる。

　これらのうち、②や③については、中学校区での新たな地域教育活動によって改善されつつある。A中の教師・生徒や生徒同士のつながりは、学校教育活動の資源として働くだけでなく、卒業生や地域住民として学校に関わる人々を少しずつ増やしてきた。④や⑤についても、種々の研究委嘱事業やスクールソーシャルワーカーの活用、人事異動の慣習の見直しなどによって改善されつつある。こども支援コーディネーターやスクールソーシャルワーカーを活用した家庭支援は、自助や住民・保護者相互の共助で対処できない困難を抱えた家庭を公的機関の支援へとつなげている。

　だが、①については、学校側にはまったく打つ手がない。A中の校区では、1990年頃から、同和地区の周辺地域の民間借家に低所得者が増え始めた。近年は同和対策事業で建設された公営住宅にも、収入に応じた負担を求める「応能応益」の家賃制度が導入され、中堅所得層の流出が進んだ。その事情を地域住民Aさんは次のように語っている。

　　ほとんどが市営住宅ですから低収入層が多いっていうのは間違いないですけどね、これからそれがさらに進みますわ。この4月から家賃の軽減措置の上限がなくなったんで、公務員だったり民間でそこそこのところ勤めてたら、近傍同種の家賃（筆者注：近隣で間取りや設備が同等の民間賃貸住宅と同じ水準の家賃）で、たぶんみんな出ていくと思うんですね。ぼくの知り合いもすでにもう何人か出てますしね。後輩の○○君とか住宅買い求めてるし、みんなそんな感じになっていくと思うんです。そないなって空き家になったところに市内全域から公募で入ってきてますから。

　　　　　　　　　　　（地域住民Aさんへの聞き取り　2007年7月）

2000年に大阪府が行った同和地区実態調査の結果を市が独自に集計しなおした資料によると、A中校区の同和地区では公営住宅が86.7%を占め、持ち家は12.2%、民間借家は0.5%である。市全体では、公営住宅の率は15.4%、持ち家は64.4%、民間借家は14.9%であって、同和地区には市営団地がきわだって多いことがわかる。このような住宅の構成が変わらない限り、A中校区に低所得者が増え続けていくことは間違いない。この地域の住民層の変化は、「貧困・社会的排除の地域的顕現」（妻木 2012）の典型例だといえる。

現時点で確認できるデータからみても、A中校区の同和地区の子どもたちの生活状況は年々きびしくなってきている。2013年の調査によると、校区のほぼ全域が同和地区であるB小学校では、要保護率と準要保護率の合計は約70％、ひとり親・両親不在の家庭の率は約30％に達した。この率は調査対象校の中ではトップクラスである。ただし、貧困は同和地区だけの問題ではない。A中では、1990年代以降、同和地区内外の生活環境や学力の格差はさほど目立たなくなっている。それは、同和地区の周辺地域にも貧困・生活困難層が増えていったからである。

物的な剥奪に加えて、教師や古くからの住民が心配しているのは、生活・子育てに大きな困難を抱えた人々の孤立である。かつては地縁・血縁的な「ムラネットワーク」（内田 2005）が存在していた同和地区でも保護者同士の関係は希薄になってきている。それはA中校区も例外ではない。だが、社会的孤立は地区の周辺地域でも深刻である。

> 一番しんどいなと思うのは、○○（同和地区の地名）に住んでても孤立してる、××（周辺地域の地名）に住んでても孤立してる。ほんとに親自身がほかの親との接触がなくて、どういうふうに子育てをしたらいいかもわからなくて。なんか、そういう親たちにどんな働きかけができるんかなみたいなとこらへんがね。
> （地域住民Bさんへの聞き取り　2011年11月）

第 3 節　学校における貧困の現れ

　2010 年代になって、A 中が以前にも増して「生徒・家庭支援」や「地域教育力の再構築」に力を注ぐようになったのは、地域における貧困や社会的孤立が深刻になってきたからである。
　では、貧困や社会的孤立にまつわる子どもの困難は、学校生活においてはどのような形で現れているのだろうか。生徒の直面する困難を教師たちはどのように認識し、困難にどのように対処しているのだろうか。
　校区に同和地区を有するある中学校の研究では、「特別扱いをしない学校文化」と「貧困を見えなくするための特別扱い」との使い分けが貧困を不可視化し、貧困状態にある生徒の困難を個人の問題に誤認させているとの指摘がある（盛満 2011）。この先行研究で描かれた学校の姿と A 中の姿は対照的である[8]。家庭生活の不安定さに由来する困難や悩みは、生徒も教師も隠すべきことだとは考えてはいない。そうした事柄を生徒が口にすることがあっても、それらは前節で述べた「見つめる・語り合う・つながる」（森 2002）のサイクルを動かすきっかけになりこそすれ、負の烙印になることはない。

　　（筆者）A 中の文化みたいなところでね、「えっ、普通、こんなこと言うか？」みたいなことを言う。例えば、〇〇（校区にある児童養護施設の名称）に住んでる子も、「〇〇に住んでんねん」とか、普通に言ったりしますでしょ。
　　（G 先生）します、します。うちのクラスにいてた子が「ほんま、オカン腹立つわ、死んだらええのに」とか言うてたら、他の子が「私には死ねって言うお父さんもお母さんもおれへん」っていうのをポンと言うんですよ。なんか、A 中って、全体があったかいと思うんです。そやから、そこで、構えなくてもいい。
　　（筆者）そういえば。構えなくてもいいっていうのは感じます。
　　（G 先生）みんながみんなそうかって言ったら、まだまだそうはならないんですけど。やっぱり、構えんでもええみたいなところ、安心感

151

があって、言うてもまあいけるかなみたいなのを持ってるんちゃうかなと思いますね。

(G先生への聞き取り　2012年7月)

　A中では、親がいなかったり親と暮らしていない生徒、経済的な困難を抱えた生徒は珍しくない。自分と似た境遇の級友がいる学校は、生徒にとっては気の置けない仲間のいる、変に「構えなくてもいい」場になっているようだ。だが、そのような場は自然に生まれたわけではない。学校が「構えなくてもいい」場になっているのは、日常の班活動、学校行事、クラスミーティングなどを通じて、生徒一人ひとりが自分のことを語り周囲の者がそれを受け止める仲間づくりに取り組んできたからである。生徒の抱える困難を可視化し、困難への対応を模索するA中学校は、生活と教育を支える最後の拠り所、すなわち「セーフティネット」になっているのである。

　生徒にとって、セーフティネットとしての学校は、困難にへこたれないで生きていくための支えになる。しかしながら、学校にできることには自ずと限界がある。学校には、生徒の抱える困難すべてをなくすことはできない。

　A中の事務職員は、就学援助世帯の貧困が長期化していること、中学生の兄や姉が、いわゆるニート（not in education, employment, or training）の状態にあることを指摘している。

　　就学援助の申請用紙に家族構成を書く欄があるんです。そこは必ず目を通しています。仕事上知り得た秘密は外部にもらしてはいけないので、私は〔生徒の個人名を〕誰にも言ってませんが、そこをみてますと、母子家庭や父子家庭はかなりいます。かなりというのがあいまいな表現で申し訳ないですが。それと、お兄さんお姉さんとかがいてるんですけど、高校生はいますけど、大学生はほとんどいないです。

進学できてないのかなっていうのがすごく気になります。高校生ぐらいのお兄さんお姉さんで無職っていうのも気になります。お兄さんとかお姉さんに所得があると、世帯の収入になりますので、申請できないことがあるんですけど、やっぱり、お兄さんお姉さんに収入がないっていうことは、高校に行けてなくて大学に行けてなくて、仕事にも行ってないのかなと思います。

(事務職員Dさんへの聞き取り　2011年12月)

　A中では、前年度までに就学援助を受けていた家庭には、年度初めに担任や事務職員が申請をするように声をかけている。書類の書き方や申請手続きの相談にのることもある。時には保護者が申請を渋ることもあるが、そのような場合には、子どもために必要なお金だからと、保護者を説得しているという。

　就学援助制度の運用については、自治体によって大きな違いがあり、制度が周知されていないために就学援助を受けられない人が多数存在することが指摘されている（鳶2013）。A中の就学援助率が高いのは生徒の経済状況のきびしさの反映であるが、制度の周知および申請の相談・支援によって制度が充分に活用されていることの証しでもある。もっと大胆にいえば、就学援助率の高さは学校の取り組みの成果である。

　だが、学校にできることはそこまでである。根本から家庭の経済力を安定させる術を学校は持ち合わせていない。無業・不安定就労の若者の再教育や職業訓練・職業斡旋の機会を学校は提供できない。学校のできることには限りがある。

　貧困は体と心の健康、遊びや趣味などの体験、仲間関係などの社会的ネットワーク、セルフエスティーム、学力、将来展望など、生きるために必要な様々な資源を子どもたちから奪う。A中の養護教諭は、新入生の健康状態について次のように述べている。

う歯なしっていう、綺麗な歯っていうのは全然ないていう感じです。虫歯が見つかったら、医療券もあったりするんで、治療は行けますけれど、行ってもまたすぐ翌年も虫歯ができてしまうっていう感じでしょうか、それのくり返しみたい。……中略……歯磨かな気持ち悪いっていう感じもあんまり身についてなくて、赤ちゃんの時には自分で磨いてあとでお母さんが仕上げって言うんですか、あーんしてお母さんが。そんなんしてもらったり。手をかけてもらってないからこういうことになったのか、そこは定かでないんですけど、すべて虫歯の経験者っていう感じです。

（I先生への聞き取り　2013年7月）

　A中では、養護教諭が学級担任と連絡をとりあって、歯科検診で虫歯の見つかった生徒に受診を働きかけている。ねばり強い働きかけが奏功して、いったん見つかった虫歯の治療率は市内の中学のなかでは高い方である。けれども、幼少期からの食習慣や生活習慣が影響してか、治療をしてもくり返し虫歯になる生徒が少なくない。
　A中では、経済的にも時間的にもゆとりのない生活を送るなかで、家族で旅行に行ったり誕生日を祝ってもらったりしたことがない生徒も多い。A中の生徒たちが学校行事に力を入れることの背景には、家庭で味わうことのできぬ楽しさを求めている面がないわけではない。宿泊行事（臨海学校）の「大成功」について、ある2年生の担任教師は次のように語っている。

　（F先生）2年の宿泊行事はすごく楽しかったって思ってるので、帰ってきてから、3年の修学旅行、すっごい楽しみにしてます。びっくりするほど楽しみにしてます。
　（筆者）そうですか、1年も先なのに。
　（F先生）はい。まあ、たまたま〔2年の〕英語の教材が沖縄っていうこともあって、3年生が修学旅行〔で沖縄〕に行くっていうことも

あったんですけど。

（筆者）みんなで行って楽しかったんでしょうね。

（F先生）家族旅行してない子が多いっていうこともあります。〔旅行は〕小学校の修学旅行が初めてみたいな。

（筆者）ああ、どっか遠くに泊まりがけで旅行することがない。

（F先生）そういう子の方が多いんちがうかな。「一泊であんなに楽しんやったら、修学旅行二泊とかになったらどうしよう」みたいな感じにみんななってます、今。そんなに楽しみにされても、って感じですけど。

（F先生への聞き取り　2012年7月）

　貧困状態にある子どもたちにとっては、学校生活のなかで仲間関係の輪に溶け込んだり仲間とともに社会体験をしたりすることが阻まれていることが重大な問題だとの指摘がある（リッジ訳書 2010）。学校行事やその中での友人との交流は、子どもの生活の質を高めるうえで欠くべからざる必需品である。

　あるクラスでは、教室の後方に貼られたカレンダーに生徒一人ひとりの誕生日が書き込まれており、誕生日を迎えた生徒には皆でお祝いの歌を歌う習慣があった。次に示すのは、そのカレンダーを眺めながら、ある生徒と筆者が交わした会話である。

　筆者「自分、誕生日いつなん？」生徒「○月×日。」筆者「ああ、ちょうど△ヶ月先や」生徒「でも、誕生日、全然おもんない。この頃は何も買ってくれんし。だからいっつもおばあちゃんとこ行くねん。」筆者「でも、クラスでハッピーバースデーの歌、うたってもらえるんやろ？」生徒「今年は休み。休みでラッキーや。おばあちゃんとこ行けるし。」

（筆者のフィールドノーツより　2013年9月）

「誕生日がおもしろくない」。多くの級友が家族に祝ってもらえる日が、この生徒にとっては寂しい日なのである。筆者はこの生徒に何と声をかけていいのかわからなかった。「おばあちゃんとこ行けてよかったな」というのが精一杯であった。

この生徒は小学生の頃、母親ときょうだいとともに、A 中の校区に転居してきた。それまでは経済的な事情などから転居をくり返して生活が落ちつかず、学校にあまり行くことができなかったという。筆者が A 中でフィールドワークをしていた頃も、下のきょうだいは学校を休みがちで、朝、この生徒が下の子を学校に送り届けて登校することもあった。だが、この生徒にとっては、A 中の校区に引っ越してきたことは幸いであった。学校に通えるようになり、友だちもできた。手厚い指導で、多少なりとも勉強の遅れを取り戻すこともできた。

卒業を間近に控えた頃、この生徒は冗談めかしてこう筆者に自慢した。「3 年で 0 点とったこと、一度もない。1 点やったらあるけど」。事実かどうかはさておき、この生徒が勉強に対する自信を取り戻したことは間違いなかった。そして、実際、この生徒は、卒業後に進学を実現した。この生徒をよく知る教師は、ある時、筆者にこう言った。「あの子は、A 中に来て、やっと安住の地を見つけたんです」。筆者はその通りだと思った。たしかに A 中はこの生徒を救ったのである。

第 4 節　まとめ―セーフティネットとしての学校―

子どもの貧困対策においては、すべての子どもにとって魅力ある学校をつくり、「学校生活への包摂」を図ることがなによりも重要だとの主張がある（阿部 2014）。A 中の生徒の生活状況と学力状況はきびしいが、その割には不登校の率は非常に低い。2013 年の調査では、A 中の不登校率は 1％未満と、調査対象校中、最低水準だった。他の学校は、3％未満が 3 校、5％未満が 4 校、7％未満が 1 校という結果である。あらゆる生徒を学校生

第4節　まとめ―セーフティネットとしての学校―

活に包摂するという観点からみれば、A中は多大な成果をあげていると考えることもできる。

　今のA中は「効果のある学校」ではない。これからもそうなる見込みは薄いといわざるを得ない。A中の生徒の学力不振の背景には、学校の力だけではいかんともしがたい、貧困や地域コミュニティの疲弊という問題が横たわっているからである。

　「効果のある学校」論が焦点をあてるのは、計測可能な基礎学力である。「効果のある学校」論においては、生活の支援や就学の保障は評価の対象ではない。だが、衣食住の不安なく安心して日々の生活をおくることができること、学校が仲間や教師との信頼関係を育む場となり、子どもたちの居場所となっていることは、学力保障の前提条件であると同時に、子どもたちを社会的に包摂し生活の質を高めることにもつながる。A中はその校区の地域特性ゆえに、子どもたちの生活のセーフティネットになることを求められている。そして、その点では確かに成果をあげている。

　教育社会学の教科書風にいうならば、近代学校には、子どもの社会化と選抜・配分という2つの機能がある。前者は、当該社会の成員として求められる知識・社会的能力・態度・価値などを子どもたちに伝達し次代の社会の担い手を育てる機能である。後者は、高度に分業化の進んだ社会の各層に必要な人材を振り分けていく機能である。

　学校は、身分、性別、エスニシティをはじめとする「属性」のくびきから個人を解き放ち、社会の流動化を高め、能力と努力（業績）次第でどのような地位にも到達できる社会を約束してくれるはずだった。この時、社会化と選抜・配分を矛盾なく結びつけたのがメリトクラシーの理念である。同対審答申が教育と就職の機会均等を同和問題解決の重要課題だとしたのも、「生まれ」という「属性」で教育や就労から排除されてきた部落出身者にメリトクラシーを適用しようという考えに他ならなかった。

　しかし、メリトクラシーの徹底によって社会の平等化を図るという戦略は成功したとはいえない。現実の学校は、不平等の再生産装置の側面を有

している。第2章でみたような、文化的再生産論の立場から、同和地区の児童・生徒の学力不振を同和地区のサブカルチャーと学校文化の不連続性から説明する説や、メリトクラシーの行き着く先が親の経済力や子どもに対する期待が子どもの学力や教育達成を左右する「ペアレントクラシー」であったといったという説は、不平等の再生産という側面を強調する論である。子どもの貧困に対する社会的な関心が高まる中、経済的な貧困が学力や教育達成の低位性につながり、貧困の世代的な「連鎖」が生じているとの知見もよく知られるようになってきた。

　一方、こうした再生産論的な立場とは逆に、不平等やマイノリティへの差別を克服する可能性を学校に期待する立場もある。かつて池田（1996）が論じたように、学校はマイノリティの文化と支配文化とが交錯する場である。学校がマイノリティに対して敵対的な存在であるかどうかは先験的に断じることはできない。教師たちは支配文化とマイノリティの文化の間に立ち、両者の対立や葛藤を意識しながら、学校文化を作りかえていく。子どもたちもまた、地域や家庭の文化からの影響を受けつつ、教師や仲間との関わりを通して、自らの文化を再創造していく。そのなかで、学校とマイノリティの文化は相互変容を遂げていくのである。

　学校は不平等の再生産装置なのか。それとも学校の力で不平等をなくしていくことができるのか。そうした問いへのひとつの答えが「効果のある学校」論やその概念を拡張した「力のある学校」論だった（志水 2009）。「効果のある学校」は数量的に把握ができる学力の格差縮小に焦点をあてた、実証研究に馴染みやすい概念である。それに対し、「力のある学校」は子どもの社会的スキルやセルフエスティームの向上、教師集団の組織力と一人ひとりの教師の子ども観や教育観の変革、保護者や地域住民の教育参加と教育に対する当事者意識の形成など、心理的・社会的なエンパワメントにも目をむけ、学校づくりの理想・目標を指す概念である。このように「効果のある学校」と「力のある学校」には違いはあるが、どちらも不平等や社会的排除の克服における学校の可能性を探究する論である。

第4節　まとめ―セーフティネットとしての学校―

　西田（2013）は「効果ある学校」と「力のある学校」をまとめて「排除に抗する学校」と名づけている。彼は、児童養護施設に暮らす子どもたちが通う学校を取り上げた論文で、子どもの生活に現れた困難をその社会的背景をふくめて理解すること、困難を生み出す原因の一端が学校にあることを教師が認識して自己反省・自己変革を図ることを「排除に抗する学校」の生まれる契機として指摘している。興味深いことに、「排除に抗する学校」として西田が見出した学校は、校区に同和地区のある「同和教育推進校」としての実践を積み上げてきた学校だったり、同和教育運動から有形無形の影響を受けた学校であったりする。

　残念なことに、「排除に抗する学校」と呼びうる学校はまだまだ少ない。表16と表17に示したように、「効果」が持続的に認められる学校はごくまれである。本書で取りあげてきたA中にしても、「効果のある学校」あるいは「力のある学校」を目指しているとはいえるが、学力や教育達成の面での成果はみえにくい。海外でも事情は同様のようで、「効果のある学校」の代表的な研究者であるモーティモア（Mortimore）（訳書 2005）は「学校の成功は部分的であり、限定的である」と述べている。個々の学校はともかくとして、学校教育制度は、総体としてみれば、不平等の再生産に組み込まれた存在である。

　しかしながら、もし仮に、A中のような学校が今の取り組みを放棄したならば、貧困や社会的孤立の悪影響はむき出しの形で子どもに及ぶことになる。学校が子どもの生活や学習のセーフティネットとなっていること、あるいは将来そうなる可能性を秘めていることは、事実として認めるべきである。その一方、セーフティネットは、生徒の抱える問題の全部を解決することはできないし、問題の原因をなくすこともできない。西田の言葉を借りれば、「セーフティネットとしての学校」は、「排除に抗する」ことはできるが、「排除に打ち勝つ」ことはできないのである。

　A中は、「セーフティネットとしての学校」として成果をあげている。これは「効果のある学校」論が捉えることのできない事実である。この事

実が我々に問いかけるのは、セーフティネットに頼らなければならない子どもたちが増えているのはなぜなのか、格差・貧困の広がりのツケを学校に負わせるのは理に適っているのか、という問いなのである。

　社会政策・教育政策や児童家庭福祉・教育の実践が本来めざすべきことは、セーフティネットに頼らなくてはならない子どもたちを減らすことのはずだ。貧困が深刻化しているからセーフティネットを充実しようというのは、お門違いである。

第5章

ウェルビーイングのための学校

第1節 「教育学的誤謬」の克服

　前章では、A中が生活面・学習面で大きな重荷を背負った生徒のセーフティネットになっていることを述べた。今、求められるのは、このようなセーフティネットとしての学校の役割を正当に評価した上で、「地域のすべての子どもに学力と進路を保障する」（A中の2015年度教職員加配要望書）ことをあらゆる学校の使命として位置づけなおし、学校を支える方策を明らかにすることである。

　この章では、子どもの貧困対策を批判的に検討したうえで、ウェルビーイング（well-being）という概念を手がかりにして、学力・進路保障の学校教育における位置づけを理論的に整理し、困難を抱える子どもと学校を支援する政策的・実践的課題について考えたい。

　そのためには、批判的に乗り越えなくてはならない格差・貧困観がある。それは、教育の力、あるいはもっと限定して、学校の力・教師の力だけで格差・貧困問題が解決できるはずだという思い込みである。

　社会学者の橋本は、日本の教育関係者が格差問題を論じる時に陥りがちな思考様式を「教育学的誤謬」と呼んでいる（橋本 2006）。これは、格差問題を論じるとき、学校教育の内部的要因を過大評価し、社会経済的な格差拡大の持つ意味を過小評価する思考様式のことである。例えば、若年層で無業者や不安定就労者が増加した根本的な理由は、企業が新規学卒者の正規雇用を絞り込んで低賃金の非正規雇用を増やしたことにある。だが、「教育学的誤謬」にとらわれている人たちは、これらの要因に目を向けず、若者の職業意識や職業的能力の向上によって問題が解決できるかのように考えてしまうというのだ。経済的格差の拡大、子どもたちの成長・発達に対する貧困の多面的な影響、コミュニティの弱体化などを軽視し、学力不振を教師の努力だけで克服しようとする発想も、「教育学的誤謬」の一例だといえる。

第5章　ウェルビーイングのための学校

「教育学的誤謬」批判と同様の議論は、欧米の「効果のある学校」研究にもある。たとえば、英国の教育社会学者ウィッティー（Whitty）は、「効果のある学校」研究の意義を高く評価しつつ、研究成果とそれにもとづく教育政策が、学校の外の社会に存在する貧困と不平等から人々の目をそらさせることがあってはならないと警告している。

> 住居、健康、教育の不平等の関係についての我々の研究からは、物的貧困へのたゆまぬ取り組みなしには、不利なグループ内でのいかなる教育の進歩もはかないものだということが明らかである。社会的資本（筆者注：原文は、social capital）の確立に関する政策も重要だが、それらは物的貧困に取り組む政策の代わりをするものというよりも、必須の補完物なのである。教育政策の諸計画は、少なくとも最近までギデンズが「原因と取り組まねばならなかった」と認めていた広範な経済的不平等の解決に努力する政策と意識的に関連づけられなけば、学力の社会階級差を克服する上で限られた成功しかえられないだろう。
>
> （ウィッティー訳書 2004、pp. 179-180）

ウィッティーがこの発言の際に念頭に置いていたのは、英国労働党ブレア政権（1997年〜2007年）の教育政策である。この政権は、教育改革を政権の最重要課題に位置づけ、すべての子どもの成長と学力・教育達成における格差の縮小をめざしたことで、日本でもよく知られている。（ギデンズ訳書 1999、2003、谷川 2018）。ウィッティーが懸念するのは、こうした政策の支持者たちが、ともすれば学校の役割を過大視しがちなことである。

> 社会は、学校に期待できることとできないことは何か、学校はどのような援助を必要としているかをもっとはっきりさせる必要がある。個人と諸制度と社会の関係は複雑であり、社会のもつ問題のことで学校を非難するのは不公平で非生産的である。政府、LEA（筆者注：

local educational authority のこと。「地方教育行政当局」の訳が一般的。日本の教育委員会にあたる)、司教区及び学校理事たちが、挑戦的な目標を設定して教師とともに活動することは確かに重要ではあるが、学校を基礎とする活動の限界を明らかにすることも重要である。非現実的な目標を設定することと「名指し、恥をかかせる (name and shame)」戦略を採用することは、不利な生徒たちの学力を上げるための苦闘の中心にある教師たちの間に冷笑と士気の低下を生むだけである。

(ウィッティー訳書 2004、p.180)

　子どもの貧困対策において「学力保障」を中心とした「教育支援」が推し進められようとしている今だからこそ、ウィッティーの指摘した「非現実的な目標」を学校に求めていないか、目標を達成できない学校に対する非難が強まっていないか、冷静に検討してみる必要がある。

　それというのも、日本には、他の先進工業国に比肩するような、階層間の学力格差の縮小やマイノリティ集団の学力不振の解決に関わる取り組み (教育実践・教育政策) が存在しないからである。同和教育やそれと関わる同和対策事業は唯一の例外であったが、それらは西日本に偏り、「同和教育から人権教育へ」という政策転換の中で、人権教育における学力保障の位置づけは曖昧になった。子どもの貧困対策において「学力保障」が大きな課題とされているのは事実だが、日本では、そもそも貧困・生活困難層の学力不振の実態は断片的にしか把握されていない。実態が明らかにされたとしても、「教育学的誤謬」によって、学力不振を学校や教師の力で、あるいは個人の自助努力で克服できるはずだという考えが受け入れられてしまうおそれがある。

　第2章で述べた通り、同和対策審議会答申 (1965年) は、同和問題解決の基本課題として「学力の向上措置」と「就職の機会均等」を真っ先にあげた。答申は、「学力の向上措置」を、ウィッティーのいう「広範な経済的不平等の解決に努力する政策」と結びつけて構想していた。

答申は、「学力の向上措置」のために「以下に述べるような教育条件を整備するとともに、いっそう学習指導の徹底をはかる」必要があるとして、次のような教育条件整備の課題をあげていた。①進路指導、②保健・衛生、③就学・進学援助、④学校への教員配分における特別の配慮、⑤教職員の資質向上・優遇措置、⑥学校施設・設備の整備、⑦同和教育研究指定校の増設及び研究費の増額、⑧同和教育研究団体等に対する助成、である。

また、答申は同和対策を長期的かつ計画的に進めるために「総合計画」をつくるよう政府に提言したが、行政組織間の連携が、特に教育分野において欠けていることを指摘していた。その箇所の記述は次の通りである。

> 学校教育における長欠、不就学の処置は、厚生省所管の生活保護ならびに社会保障との関連を必要とし、中学卒、高校卒の就職は、進路指導にともなって、労働省関係の職業訓練、就職斡旋と関係する。社会教育については、社会教育関係団体である青年団体、婦人団体との連携を密にし、厚生省所管の隣保館などの福祉施設と、文部省所管の公民館ならびに集会所との関係など、調整を要する場面も少なくない。

同和地区の児童・生徒の学力不振の克服は、教育条件の整備や厚生・労働行政との連携の中で考えられていた。この教育分野の取り組みに、住宅・道路・上下水道などの地域の環境改善施策、地場産業の振興や就職差別の撤廃などの就労安定施策を加えたものが、同和地区の社会経済的低位性の解消、すなわち同対審答申が言う「実態的差別」を解消するための社会政策ということになる。このような総合的な社会政策は、対象を同和地区に限定していたとはいえ、その守備範囲は現在の「子どもの貧困対策」のそれを大きく超えるものだったといえる。

もし、学力不振をその社会経済的背景をふくめて捉える考え方が、同和教育の枠を越えて日本の教育界に広まっていれば、「総合計画」が同和対策の枠を越えてユニバーサルな貧困解消・格差是正政策として誕生してい

れば、今さら「教育学的誤謬」を心配する必要などなかったはずである。だが、歴史はそのように動きはしなかった。

第2節　子どもの貧困対策における「学力保障」

2013年6月、「子どもの貧困対策の推進に関する法律」(以下では「法律」)が国会で可決・成立した。この法律では子どもの貧困対策の柱として「教育の支援」「生活の支援」「保護者に対する就労の支援」「経済的支援」があげられている。その翌年の8月には、法律にもとづいて「子供の貧困対策に関する大綱」(以下では「大綱」)が閣議決定された[1]。大綱には「教育の支援」のひとつめの課題として「学校教育による学力保障」があがっている。法律や大綱における位置づけからみるかぎり、「学力保障」は子どもの貧困対策の最優先課題となっているといえる。法律と大綱に先立って、厚生労働省の生活困窮者自立支援制度などを活用して、貧困家庭の子どもを対象とする「学習支援」が行われてきた地域も少なくない。

では、子どもの貧困対策における「学力保障」は、どのような理念にもとづく政策なのだろうか。実際にはどのような施策や実践が展開されようとしているのだろうか。

大綱は「第一に子供に視点を置いて、切れ目のない施策の実施等に配慮する」と述べている。同和教育は子どもの成長・発達を一貫したものとして捉えてきた。それを象徴するのが「就学前からの学力保障」(「金川の教育改革」編集委員会編 2006)や「進路保障は同和教育の総和」といったことばである。前者は、就学前期の生活経験や保育が学校での学習指導・生活指導の基盤を形づくっていることを述べたことばであり、後者は、基礎学力の保障、勤労観の形成や生き方の探究、就職差別の撤廃など様々な取り組みの積み重ねとして進路保障があるという考えを示すことばである。本当に「子どもに視点を置いて、切れ目のない施策」が実施されるのであれば、法律や大綱の理念と同和教育の理念の間に大きな隔たりはないといっ

ていい。

　だが、実際の施策は「切れ目がない」状態にはほど遠い。大綱の閣議決定直後の関連予算要求（内閣府・文部科学省・厚生労働省「大綱を踏まえた平成27年度概算要求について」）では、総額約3344億円のうち約3196億円、率にして約96％が、無利子奨学金の拡充や「所得連動返還型奨学金制度の導入に向けた対応」に充てられている（内閣府・文部科学省・厚生労働省 2014）。高等教育期の政策を就学前期や初等・中等教育期の政策より優先させている理由は、大綱からは読みとれない。子どもの貧困対策として、すべての子どもたちを対象とする義務教育期や、海外で実績が積み重ねられてきた乳幼児期の施策を充実させるという判断もあり得たはずなのだが、これらについて政府が十分に検討した節はない。子どもの貧困対策の関連予算は、実態としては、高等教育奨学金関連予算の看板の掛け替えである。

　次に施策の目標をみてみよう。大綱は、進学率やスクールソーシャルワーカーの配置増など、子どもの貧困に関する13の指標をあげ、それらの改善を図るとしている。大綱があげている指標は、以下の通りである。

- 生活保護世帯に属する子供の高等学校等進学率
- 生活保護世帯に属する子供の高等学校中退率
- 生活保護世帯に属する子供の大学等進学率
- 生活保護世帯に属する子供の就職率
- 児童養護施設の子供の進学率及び就職率
- ひとり親家庭の子供の就園率（保育所・幼稚園）
- ひとり親家庭の子供の進学率及び就職率
- スクールソーシャルワーカーの配置人数及びスクールカウンセラーの配置率
- 就学援助制度に関する周知状況
- 奨学金の貸与を認められた者の割合（無利子・有利子）

・ひとり親家庭の親の就業率
・子供の貧困率
・子供がいる現役世帯のうち大人が一人の貧困率

　指標には、子どもの貧困率（全体およびひとり親世帯）もあがってはいる。だが、指標の改善の数値目標は盛りこまれてない。これについては、法律の実効性を確保する立場から、日弁連などがかねて批判をしていたが（日弁連会長声明「いわゆる『子どもの貧困対策法』の実効性確保のため、子どもの貧困削減の数値目標の設定等を求める会長声明」2013年4月13日）、ついに改められないまま、法案は可決・成立した。その後に閣議決定された大綱にも、貧困率削減の数値目標は盛りこまれなかった。
　これらの指標が取り上げられた理由にはわからない点が多い。まず、施策の進捗状況を示す指標（スクールソーシャルワーカーやスクールカウンセラーの配置、就学援助制度の周知）、施策の効果を検証する手がかりとなる指標（進学率、就職率、就業率）、貧困の実態を示す指標（貧困率）が横並びであげられている。さらに、男女の賃金格差、ひとり親家庭と両親のいる家庭の所得格差、生活保護や就学援助における補捉率など、物的剥奪に関わる指標は、大綱には欠落している。指標のリストは、橋本の言う「教育学的誤謬」の典型例だといえる。
　貧困対策の最優先課題とされる「学校教育における学力保障」には、実効性が期待できるのだろうか。まず指摘しておかねばならないのは、大綱には、貧困家庭の子どもの学力状況に関する指標がないということである。いわゆる「先進国」の学力格差是正策においては、家庭の経済力やエスニシティによる格差の縮小が明確に政策目標に位置づけられているが、日本はそうではない（志水・山田 2015）。大綱は、子どもの貧困対策の重点課題に「教育の支援」を位置づけ、「教育の支援」の第一の課題として「学校による学力保障」をあげている。けれども、「学力の保障」に関わる政策・実践の成果と課題を検証するための手がかり（指標）は存在しないの

である。

　「学力保障」の理念と実践は、部落解放運動と連帯した同和教育運動やそれに影響を受けた同和対策事業のなかで生まれ育った。同和教育・同和対策は、同和問題（部落問題）解決の中心課題に学力や進路の保障を位置づけた。そして、学力や進路における格差の実態とともに格差の要因を明らかにし、その要因を包括的な社会政策・教育政策と教育実践によってなくそうとした。対して、子どもの貧困対策においては、政策立案の出発点となるはずの実態把握さえ、行われていない。

　では、大綱が想定する「学力保障」とは、一体、どのようなものなのだろうか。大綱は、「学校教育による学力の保障」について、次のように説明している（内閣府 2014）。

　　　家庭環境や住んでいる地域に左右されず、学校に通う子供の学力が保障されるよう、少人数の習熟度別指導や、放課後学習などの取組を行うため、教職員等の指導体制を充実し、きめ細かな指導を推進する。
　　　その際、学力や学校運営等に課題がある市町村に対し、国が直接改善方策の専門的助言・体制の整備など重点的な支援を行うことを通じ、当該市町村の自律的な改善サイクルを確立する。
　　　また、学校における具体的な支援体制を充実させる観点から、現職教員を中心に、子供に自己肯定感を持たせ、子供の貧困対策に関する理解を深めていくため、大学や教育委員会に対し、免許更新講習や研修における関連講習、校内研修等の開設を促進する。

　国は「学力や学校運営に課題がある」市町村を「直接に」支援するという。「改善方策の専門的助言・体制の整備など」の内容は明示されてないが、「自律的な改善サイクル」とは、いわゆる PDCA サイクル（plan, do, check, action の頭文字）をさすものと思われる。経営学的な観点から、計画（plan）をたて、それを実施（do）し、実施した結果を点検（check）し、業務

第2節　子どもの貧困対策における「学力保障」

の改善という行動（action）につなげる。これがPDCAのサイクルである。

　現在の各自治体の学力政策は、多くの場合、子どもの貧困対策が本格化する前から行われてきた全国学力・学習状況調査に基づいている。企業経営と同じようなPDCAサイクルが教育行政や学校運営に適用可能かどうかは議論がわかれるところだが、百歩譲ってPDCAサイクルにもとづく学校運営が行われるようになったとしても、それが貧困家庭の子どもたちの学力保障につながる保証はない。貧困状態にある児童・生徒の学力状況についてのデータはほとんど蓄積されてこなかった。大綱があげる貧困に関わる指標のなかにも貧困家庭の子どもの学力状況は含まれていない。planとcheckに欠かせない実態把握がなされないのだから、「自律的な改善サイクル」など、望むべくもない。「自律的な改善サイクル」が成り立っているようにみえても、それは的確な現状把握にもとづかない、机上の空論である。

　学力の実態把握にあたっては、学校外に存在する格差・不平等を度外視するわけにはいかない。家計状況が安定していて「教育熱心」な保護者が多かったり、地域で子どもたちの生活や学びを支えることができていたりする場合、その自治体や学校の学力水準は高くなる傾向がある。これまでの全国学力・学習状況調査でわかっているのは、その程度のことである。実際には、学校が取り立てて何もしなくても学力が高い学校もあれば、学校が懸命な努力をしても学力が低い学校はある。学校の努力とは関係ない要因に、すなわち家庭の経済力や教育力、地域の教育環境などに学力が影響を受けるからである。学力水準（平均正答率）の高い学校と低い学校を単純に比べると、後者の方が学習指導に工夫をこらしている傾向がある。それは、種々の取り組みの結果として学力が高くなるというよりは、学力不振への対応の必要性から種々の取り組みを工夫するという因果の関係があるからである（米川2007）。

　子どもの貧困対策における「学力保障」の最も大きな問題点は、学校自体のありかたを見直す視点が欠落していることである。たしかに少人数の

習熟度別指導や放課後の学習支援など、学力不振の子どもを念頭に置いた対策への言及はある。しかし、これらの対策には、授業づくりや子どもたちの仲間づくり、それらを通した包摂的な学校づくりといった視点はない。大綱は、あたかも、学習指導の改善だけで、貧困層の児童・生徒の学力が「保障」されると想定しているようである。事実がそうでないことは、これまでに蓄積されてきた「効果のある学校」・「力のある学校」研究からも明らかである。

　人権保障としての「学力保障」と貧困対策としての「学力保障」は、似て非なるものである。前者は「広範な経済的不平等の解決に努力する政策」（ウィッティー）と結びついた学校改革として展開されたのに対し、後者は「教育学的誤謬」（橋本）に囚われた施策・実践の寄せ集めにとどまっている。

第3節　ウェルビーイングのための学校

　前節では、全国的に展開されつつある「子どもの貧困対策」における「教育支援」の内容を「学力保障」を中心に検討してきた。その要点は次の通りである。第一に、予算規模において極端に高等教育段階に偏っていること、第二に、貧困状態にある子どもの学力状況や学力格差の実態把握がなおざりになっていること、第三に、取り組みが学習指導に限定され学校総体の改革という視点が弱いこと、である。

　子どもの貧困対策の大綱には多くの欠陥がある。だが、大綱は5年を目処に見直しをすることになっており[2]、各自治体や学校における今後の取り組み次第で、大綱をよりよいものに変えていく可能性も生まれてくるはずである。法律や大綱は、学力や進路の格差と貧困を解消していくための足がかりであることにはちがいない。

　第2章で論じたように、今、学力保障にはメリトクラシーに代わる理念が求められている。同和地区の子どもたちの学力保障は、「生まれ」とい

う「属性」で教育や就労から排除されてきた人々にメリトクラシーの原理を押し広げることを意味した。メリトクラシーは人権保障と人的資本の開発を結びつける理念であり、メリトクラシーの普遍化は同和地区の人々の社会経済的地位の向上を約束してくれるはずだった。だが、皮肉なことに、かつてはメリトクラシーの埒外にあって貧困に囚われていた同和地区の人々は、今や、メリトクラシーの帰結ともいうべき「ペアレントクラシー」に取り込まれた結果として貧困に囚われている。さらに「ペアレントクラシー」は、同和地区以外の様々なマイノリティ・社会的不利益層にも貧困をもたらしている。

　第3章と第4章で取りあげたA中は、このようなメリトクラシーの限界が端的にみられる学校である。A中は「効果のある学校」とはいえないし、これからもそうなる見込みは薄い。だが、その教育活動は、社会経済的にきびしい状況にある子どもたちの生活と教育を支えるセーフティネットとしての役割を果たしている。

　A中における教育実践から示唆されるのは、学校を基盤とした子どもの貧困対策においては、数量的に把握可能な学力の保障だけでなく、健康・就学・生活体験・自己概念・進路など、子どもの生活実態・生活意識のあらゆる面に目を向けた取り組みが必要だということである。そうした多面的な取り組みのあり方を、ここではウェルビーイング（well-being）という概念とソーシャルワークの理論を手がかりにして考えたい。

　数年前、筆者は、ある教育学関連学会のシンポジウムにパネリストして参加した。他のパネリストは、児童福祉・ソーシャルワークの研究者と現職の高校教師である。私たちに与えられた論題は、子どもの貧困対策における「教育と福祉の連携」だった。

　シンポジウムの席上、児童福祉・ソーシャルワークの研究者は「ソーシャルワークはウェルビーイングをめざす。教育はウェルビーイングを実現するための要素のひとつだ」という趣旨の発言をした（農野 2014）。このシンポジウム以来、筆者は、ウェルビーイングの実現という観点から、

学力保障の意義を再検討してみようと考えるようになった。

　筆者を含む社会学的な発想に立つ教育研究者は、社会経済的な要因が学力不振、不登校、中退などを引き起こすと考える。言いかえれば、教育活動をすすめる前提条件として、貧困や社会的孤立という福祉的課題への対応を考える。このとき、生活は独立変数、教育は従属変数である。これに対して、児童福祉・ソーシャルワークの研究者は、子どものウェルビーイングを実現する要素のひとつとして教育を捉える。そして教育を変えることによって、子どもの生活をよりよい方向に変えることができると考える。このとき、教育と生活の因果関係は逆転している。すなわち、教育は独立変数、生活は従属変数である。

　このように、教育関係者と福祉関係者の発想が異なるのは、「教育」の捉え方や「教育」における子どもとおとなの関係性の捉え方が異なるからである。それを先のシンポジウムの出席者は、「教育は人に向かい（education to＋人）、ソーシャルワークは人と共にある（social work with＋人）」と述べている。すなわち、教育の専門家にとって、教育とは意図的・計画的に、先行世代が次世代に働きかけ、その社会の成員にふさわしい能力を育てたり価値を内面化したりする営みである。このとき、学校は、子どもの社会化が展開される主要な場として捉えらえる。対して、ソーシャルワークの専門家は、「人」に寄り添いながら、「人」とそれを取り巻く環境の相互作用に介入し、環境の中に埋め込まれた社会資源と「人」とを結びつけることによって、当人が直面する生活課題を解決しようとする。このとき、学校は社会資源のひとつとして捉えられる。

　さて、ウェルビーイングとはどのような概念なのか。この語は、WHO（世界保健機構）憲章草案で初めて使われ、現在は、身体的・精神的・社会的に良好な状態を指す語として、社会福祉・医療関係者の間に広く普及している。「福祉」「福利」「幸福」などと訳されることもあるが、定まった訳語はない。ウェルビーイングによく似た概念にウェルフェア（welfare）があるが、こちらは生活の最低保障や「弱者」の庇護という意味合いが強

い。対して、ウェルビーイングは、当事者の権利擁護と自己実現という理念をバックグラウンドに持つ概念である。

　この概念は、日本では、「国際家族年」と「子どもの権利条約」（公定訳は「児童の権利に関する条約」）」の批准（どちらも 1994 年）を機に、児童福祉をはじめとする社会福祉の研究者や関係職員の間で知られるようになった。この頃から、日本の社会福祉の理念は、ウェルフェアからウェルビーイングへと転換していったとされる（木村直子 2005、畠中・木村 2006）。

　では、ソーシャルワークがウェルビーイングを追求するとはどのような意味においてなのか。ソーシャルワーカーの国際組織である国際ソーシャルワーカー連盟（IFSW）は、ソーシャルワークを次のように定義している。なお、以下の訳文は、日本社会福祉教育学校連盟と社会福祉専門職団体協議会（2014）によるものである。

　　ソーシャルワークは、社会変革と社会開発、社会的結束、および人々のエンパワメントと解放を促進する、実践に基づいた専門職であり学問である。社会正義、人権、集団的責任、および多様性尊重の諸原理は、ソーシャルワークの中核をなす。ソーシャルワークの理論、社会科学、人文学、および地域・民族固有の知を基盤として、ソーシャルワークは、生活課題に取り組みウェルビーイングを高めるよう、人々やさまざまな構造に働きかける。

　正確を期するためか、直訳調でややわかりにくい部分もある。筆者なりにかみ砕いて説明してみよう。まず、ソーシャルワークの根底には、社会正義、人権、コミュニティの成員として他者を尊重し助け合う責任（集団的責任）、異質な他者に対する寛容と敬意（多様性尊重）といった理念がある。ソーシャルワークの目的とは、これらの理念にもとづき、困難に陥った人々が無力感や孤立感を乗り越え、生活課題の解決に取り組むことを支援し（エンパワメント）、物心ともに欠乏や不安から解き放たれて幸せに暮

らせる状態（ウェルビーイング）を作り出すことである。

　ウェルビーイングを達成するためには、貧困・不平等・抑圧・差別などを温存する制度や慣行をなくさねばならない。そうした制度や慣行をソーシャルワーク連盟は、構造的な障壁（structural barriers）と表現している。「人々やさまざまな構造に働きかける」というのは、その障壁を取り除くという意味である。この時、学校教育は、条件次第で、ウェルビーイングを阻む障壁になったり、ウェルビーイングを実現する資源になったりする。では、学校は、どのようにウェルビーイングと関係しているのだろうか。

　ユニセフ（UNICEF）は、2007年の子どもの貧困に関する報告書『先進国における子どもの幸せ―生活と福祉の総合的評価―』（原題は"Child Poverty in Perspective: An Overview of Child Well-being in Rich Countries"）で、ウェルビーイングを次のような6つの要素から捉えている（UNICEF 訳書 2010）。①物的状況（material situation）、②健康と安全（health and safety）、③教育のウェルビーイング（educational well-being）、④家族と仲間関係（family and peer relationships）、⑤行動とリスク（behaviors and risks）、⑥主観的なウェルビーイング（subjective well-being）。

　各要素の主な指標は次の通りである。①は、相対的貧困率、おとなが誰も働いてない家庭で生活している子どもの割合、自家用車の所有状況、子ども部屋、パソコン、勉強部屋、本や辞書などの所有状況、家族旅行の経験などである。社会学風に言えば家庭の階層的背景、あるいは経済資本・文化資本に関わる生活状況である。②は乳児の死亡率、予防接種、子どもの事故死などである。③は、15歳の学習到達度（PISAの成績）、基礎教育以降の就学率、無業者（ニート）の率などで、学校でいえば学習指導と進路指導に関わることがらである。④は、ひとり親・複合家族の率、親子が一緒に過ごす時間、友人との関係などである。友人との関係は、「社会的に統合されない人は、身体的健康と情緒的健康に困難を生じる可能性が非常に高い」（UNICEF 訳書 2010、p. 44）というWHOの見解にもとづいて取り入れられたもので、社会的孤立・排除がウェルビーイングを妨げるとい

う考えを反映している。⑤は、食事や運動の習慣、喫煙・飲酒・若年での性行動、暴力行為など、基本的生活習慣や、自他の心身に害が及ぶおそれのある行動である。日本の学校でいえば、生徒（生徒）指導や健康・保健指導の対象となるような行動にあたる。最後の⑥は、健康状態、学校が好きかどうか、学校での疎外感、全般的な生活満足度などに関する子どもの自己評価である。

以上をまとめると、表18のようになる。

表18　ユニセフの定義する子どもの「ウェルビーイング」

①物的状況（material situation）
　相対的貧困率、おとなが誰も働いてない家庭で生活している子どもの割合、自家用車の所有状況、子ども部屋、パソコン、勉強部屋、本や辞書などの所有状況、家族旅行の経験など。
②健康と安全（health and safety）
　乳児の死亡率、予防接種、子どもの事故死など。
③教育のウェルビーイング（educational well-being）
　PISAの成績、基礎教育以降の就学率、ニートの率など。
④家族と仲間関係（family and peer relationships）
　ひとり親・複合家族の率、親と過ごす時間、友人との関係など。
⑤行動とリスク（behaviors and risks）
　食事や運動の習慣、喫煙・飲酒・若年での性行動、暴力行為など、基本的生活習慣や自他の心身に害が及ぶおそれのある行動など。
⑥主観的なウェルビーイング（subjective well-being）
　健康状態、学校が好きかどうか、学校での疎外感、全般的な生活満足度などに関する自己評価など。

かつてユニセフはウェルビーイングの指標としてもっぱら貧困率を使っていたが、2007年の報告書以来、子どもの主観をふくめて、包括的に子どものウェルビーイングを捉えるようになった。ユニセフは、現在も、先進各国の子どものウェルビーイングを把握し、定期的にレポートカード（成績表）にまとめて公表している。ウェルビーイングの基本的な考え方は変わらないが、ウェルビーイングの要素と測定指標は少しずつ修正されて今に至っている[3]。

第5章　ウェルビーイングのための学校

　ウェルビーイングの要素とそれを測定する指標のリストを見渡すと、ウェルビーイングは、主観的な「幸せ」や「満足」の言い換えではなく、子どもの生活をホリスティックに捉えた概念であることがわかる。学校は③の「教育のウェルビーイング」を中心に、④⑤⑥など様々なウェルビーイングの要素と関係しており、第4章でみてきたような学校の教育活動には——教職員はウェルビーイングという語を用いているわけではないのだが——ウェルビーイングの実現に関わる要素が多々あることにも気づかされる。校区の社会経済的状況が非常にきびしい場合、学校は、学力以外の面でも子どものウェルビーイングに深く関与せざるを得ない。子どもたちの生活状況がきびしければきびしいほど、多面的に学校教育活動の成果を検証しなければ、学校のほんとうの力は把握できない。「効果のある学校」研究は、数値的に測定可能な学力格差の縮小という観点から学校の力を把握し分析しようとする研究であるが、学校の力は学力以外の面でも発揮されている。

　つまり、社会経済的な困難を抱えた児童・生徒が多い学校で行われてきた様々な実践を、ウェルビーイングの実現という枠組みのなかに置きなおして、それらの意義を明らかにできるのではないかと考えられるのである。

　学校は、子どものウェルビーイングとどのように関わっているのか。それを具体的に考え、苦闘のただ中にある実践の意義を見直すために、ここでは、さしあたって、2つのことがらを、学校関係者や教育・福祉行政の関係者に提案したい。

　第一に、学校だからこそできる／学校にしかできない子ども・家庭支援の課題を洗い出すことである。ウェルビーイングの重要な要素に「教育」があることは先に見たとおりである。そして、その柱のひとつに学力と進路の保障があることは論を俟たない。

　学力や進路の保障がなぜ重要なのかといえば、それらが未来の、学校生活を終えた後の、成人期のウェルビーイングにつながるからである。一人ひとりが自らの可能性を広げ、自己実現を図り、社会参加を実現するため

には、ある程度の知識や技能、そして学歴や資格が必要だし、政治的素養、市民としての権利意識や多様性に対する寛容や敬意の念も必要である。そのような意味での学力や進路の保障に組織的に取り組むことができるのは、さしあたっては学校しかない。地域における学習支援はあるに越したことはないが、これらは、学校の代替物にはならない。学校ほどには組織的・継続的な取り組みが期待できないからである。

　ただし、これも再三指摘してきたことではあるが、学力・進路保障に関わって大きな困難に直面している学校には、行政からの特段の支援が欠かせない。各校の必要に応じて優先的に資源を配分する施策が必要である。かつての同和対策事業の中には、そのような施策が盛りこまれていた。現在の児童生徒支援加配は特別な支援策の例だが、加配措置の根拠となる子どもの状況の把握はなされておらず、また、加配による教育効果の検証もなされていない。学校への支援は、教育委員会事務局の「配慮」によってインフォーマルに行われている面が強いのである（髙田・鈴木 2015）。財政状況がきびしくなれば、費用対効果が認められないとして、特別の措置が縮小される可能性さえある。子どもの貧困対策の大綱には、「子供たちが置かれている貧困の実態や、そのような子供たちが受けている支援の実態を適切に把握し、分析するための調査研究を継続的に実施する」ことが記されているが、学校に対する支援についても、これと同様のことが必要である。

　学校は、未来のウェルビーイングだけでなく、現在のウェルビーイングにも関わっている。就学援助や奨学金等の事務を通した経済的支援、給食の提供や健診を通した健康の維持・管理、学級活動や学校行事・課外活動を通した仲間とのふれあいや共同活動など、学校は、子どもの生活の質を向上させる場や機会を提供している。

　ウェルビーイング追求の機会・場として、筆者が特に重要だと考えるのは日々の学校生活の基盤となる学級である。学級は、原理的には、教授・学習のために組織された機能集団であるが、「強固な生活共同体的」（柳

2005）としての側面を持っている。そうした学級の特性は、時に教師の疲弊をまねくとして批判され、学級経営が担任任せになりがちなことが「学級王国」ということばで揶揄されることもある。だが、学級は、子どもに仲間との出会いを提供し、仲間との共同生活を提供する場でもある。生活共同体としての学級の意義は、子どものウェルビーイングの実現という観点から、再評価されるべきであろう。例えば、第4章で取りあげた「クラスミーティング」や「班活動」は、生徒を社会的な孤立から救ったり、心理的なエンパワメントを図ったりする上で、学級が大きな役割を果たしていることを示唆している。

　ウェルビーイングの追求という観点から学校づくりを考えるためには、学力や進路の状況に加えて、学級活動、行事、保健・養護、経済的支援等々、学校の教育活動の多面的な評価が必要である。そのための指標はまだ開発されてはいないが、"social work with ＋人" という視点から子どもの生活の過去・現在・未来を把握することが、（私を含めた）教育関係者に求められている。

　第二に提案したいのは、学校や校区での教育活動をソーシャルワークでいうところの「ケースワーク」や「コミュニティワーク」[4]の一環として捉えることである（森 2012a）。「子どもの貧困対策の推進に関する大綱」は学校を子どもの貧困対策の「プラットフォーム（土台）」に位置づけた。だが、子どもは一人で生きているわけではない。子どもの貧困は、家族の物的・経済的資源の乏しさから来るものである。だからこそ、大綱でも、子どもへの経済的支援や保護者への就労支援を位置づけているわけである。しかし子どもと保護者の抱える困難は経済的・物的な剥奪だけではない。複合的な困難を抱えた子どもや家庭を支援する仕組みは、貧困対策の大綱では想定されてはいない。

　ひとつの場所で様々な社会サービスを受けられることをワンストップサービスという。学校は、子どもと家庭を支援するワンストップサービスの場となるべきだし、すでにそのような実践は始まっている。第4章で取

り上げた「子育て支援委員会」や「ケース会議」は——教職員たちはそのようなことばを使っているわけではないが——ケースワークにあたる実践である。ケースワークは、子どもと家庭の状況を多方面からの情報を集めて把握し、必要な資源を学校が組織し、その資源と当事者とをつなぐ活動である。その要となるのは、こども支援コーディネーターの教員と市が雇用するスクールソーシャルワーカーであった。だが、前者は定数外の加配（児童生徒支援加配）であり、後者は複数の校区を掛け持ちで担当している。どちらも不安定な人員配置制度である。

　学校で行われているケースワークの機能を強化するには、こども支援コーディネーターを教員定数に組み込んで配置したり、スクールソーシャルワーカーの人件費を国庫負担の対象として常勤スタッフとして各校に配置するなど、人的配置の基盤整備を行う必要があるだろう[5]。

　ケースワークは生徒一人ひとりやその家族のニーズにきめ細かく対応しようとするものであるが、それだけでは当事者への支援は充分に行き届かない。森（2012a）は、同和地区の地域教育運動における「地域教育集団」[6]は、事実上のコミュニティワークを担っていたとしている。実際、第3章と第4章でみたように、A中の校区に存在していた保護者組織の活動や地域の「教育研究集会」は、一人ひとりの親が抱えていた子育ての悩みや子どもの低学力や問題行動という課題を、子どもに関わる様々な人々の間で共有し、集団的に解決しようとする試みであり、まさにコミュニティワークの実践にあたるものだった。見方を変えれば、そうしたコミュニティワークの伝統が途絶えてしまった結果として、個々の子どもや家庭に対する支援をケースワークの形で行う必要が高まったともいえるのである。

　次の節では、子どもの権利保障の視点から、教育とソーシャルワークを包括的に捉える枠組みを示し、まとめに代えたい。

第4節 まとめ―教育とソーシャルワークの接点―

(1) 子どもの権利とウェルビーイング

　ウェルビーイングは、医療や社会福祉分野で生まれた概念である。今でもウェルビーイングという概念は、教育の研究者や実践者にはあまり知られてない。一方、同和対策事業の終結後、人権教育の課題は「人権尊重精神の涵養」（人権教育・啓発推進法）とされ、人権教育における教育権保障の位置づけは曖昧になっている。数年前から、子どもの貧困対策において同和教育の取り組みとは切断された形で「学力保障」と称する取り組みが始まったが、それらは実態把握の弱さや学校改革の視点の欠落などの問題を抱えている。

　オフィシャルな人権教育が教育権保障の観点を欠いていること、貧困対策としての「学力保障」に実効性が期待できないのは、同根の問題である。2つの問題の根底には、多くの学校が権利主体としての子どもという視点をもたず、子どもの権利保障を自らのミッションとして受け止めていないという問題が横たわっている。子どもの権利擁護の立場からいじめや体罰の問題に取り組んできたソーシャルワーカーの間には、教師との連携の困難や学校の閉鎖性を指摘する論がある（日本スクールソーシャルワーク協会・山下 2003）。人権教育の研究者の間には、学校は子どもの人権保障に対する教師の責務を軽視しているとの指摘がある（阿久澤 2012）。貧困問題の研究者の間には、貧困対策における学校の「プラットフォーム」化を考える際には、まずは学校が貧困による不利や困難を助長していないかを問い直すべきだという意見がある（松本 2013）。

　そこで、この節では、学校が子どもの権利保障にどのような形で関わっている／関わるべきなのかを理論的に整理してみたい。子どもの権利の十全な保障こそ、ウェルビーイングの実現に他ならないと考えるからである。

　今日、子どもの人権に関わっては、グローバルスタンダードというべき

条約がある。「子どもの権利条約」である。この条約は1989年に国連で採択され、日本政府は1994年に批准した。後年策定された「人権教育のための国連10年」の国内行動計画（1996年）でも、「女性」「高齢者」「障害者」「同和問題」「アイヌの人々」「外国人」「HIV感染者等」「刑を終えて出所した人」とならんで、重点的に取り組むべき人権課題のひとつとして「子ども」が取り上げられている。

　日本ユニセフ協会のホームページでは、条約を「子どもの基本的人権を国際的に保障するために定められた条約」と紹介し、条約が規定する子どもの権利を次の4本柱でもって説明している。

　生きる権利：子どもたちは健康に生まれ、安全な水や十分な栄養を得て、健やかに成長する権利を持っています。
　守られる権利：子どもたちは、あらゆる種類の差別や虐待、搾取から守られなければなりません。紛争下の子ども、障害をもつ子ども、少数民族の子どもなどは特別に守られる権利を持っています。
　育つ権利：子どもたちは教育を受ける権利を持っています。また、休んだり遊んだりすること、様々な情報を得、自分の考えや信じることが守られることも、自分らしく成長するためにとても重要です。
　参加する権利：子どもたちは、自分に関係のある事柄について自由に意見を表したり、集まってグループを作ったり、活動することができます。そのときには、家族や地域社会の一員としてルールを守って行動する義務があります。

　子どもの権利に学校教育はどのように関わってきたのだろうか。歴史的な経緯を今一度ふりかえってみよう。
　敗戦直後の同和地区でしばしばみられた長期欠席・不就学は、「育つ権利」の侵害の典型である。その背景には、「生きる権利」と「守られる権利」さえ保障されないきびしい生活実態が存在していた。今の学校も「生きる

権利」や「守られる権利」に深くかかわっている。就学援助や奨学金関係の事務を担当する事務職員、日々の健康管理や保健教育を担当する養護教諭、子どもの食を司る給食調理員、栄養士、栄養教諭などは、「生きる権利」保障に直接的に関わる人々である。体罰やセクシャルハラスメントの防止、いじめや児童虐待への対応も、子どもの「守られる権利」を保障するための取り組みである。

　学校における「育つ権利」保障の中心課題は学力と進路の保障である。就学の機会が形式的に保障されたとしても、家庭環境のきびしさによって子どもたちが充分に学ぶことができなければ、教育の機会均等は実質化したとはいえない。本人の能力や資質とは無関係の事柄による就職差別は、生活の糧を奪うだけでなく、人々の達成意欲を冷え込ませてしまう。だから、学校における「育つ権利」の保障は、格差と差別を解消するための社会政策や社会運動と二人三脚で歩む必要があったのだ。さらに、学校は、仲間と共同生活やそれを通した精神的充足の機会を提供し、子どもの日々の生活の質を高めている。仲間との遊びや仲間と共有する生活体験も「育つ権利」の保障につながっている。

　学校における人権教育の最終的な目標は、自他の人権を守り育てる主体として、人権が尊重される社会づくりに向けて行動する力だとされている（人権教育の指導方法等に関する調査研究会議 2008）。仲間づくりやそれを通した人権学習は、それ自体が子どもの意見表明や自治的活動の機会であるが、成人市民として社会に参加し社会を担う力を身に付けていく契機にもなる。このような在学時の教育の成否は、学校を卒業して何年もたってからでないと明らかにはならない。進学実績・就職実績以外の面からも進路保障の成果を捉える必要があるのは、そのためである。

　以上、子どもの権利に学校がどのように関わっているかを述べてきた。それをまとめると図12のようになる。学校の日々の教育活動は主に「育つ権利」の保障に関わるが、この権利は「生きる権利」「守られる権利」「参加する権利」と結びついている。教師が人権教育として意識していない、

あるいは人権教育の指導計画で明示されていない取り組みも含めて、学校は子どもの権利に関わっているのである。人権教育は、各校が編成する教育課程とそこにおける教育活動を指す実体的な概念であると同時に、教育課程や教育環境全体を総点検する学校改革の視点でもある。

図12　子どもの権利と学校教育

　人権教育を学校づくりの視点として捉えると、子どもの権利保障において学校は重要な役割を担っていることがみえてくる。だが、学校の力だけで子どもの権利を十全に保障することなど、できはしない。
　例えば、経済的貧困については、就学援助制度や奨学金など、教育費の私費負担を軽減するための制度がある。けれども貧困の根本的な原因は、雇用の不安定化、賃金格差、社会保障制度の欠陥にある。日々の子どもたちの姿を注意深くみている教師たちは、子どもの直面する困難にうすうす気がついているはずだ。中には、家庭における不適切な養育や児童虐待にどのように対応すればよいのか、来日したばかりで日本語の能力が充分でない子どもや保護者とどのように関係を作っていくべきか、通学せず職にも就いていない「ニート」状態にある卒業生をどのように支援すべきか等々、思い悩む人もいるだろう。だが、困難に直面した子どもや若者に対する支援策について、教師は多くを知らない。大学の教職課程でも現職研修でも、児童・家庭福祉の法令、制度、実践について学ぶことはほとんどないからである。

(2) スクールソーシャルワークの実践

貧困・格差、虐待やいじめなど、子どもの人権の危機が社会問題として取り上げられるなか、教育関係者の間で注目を浴びているのが、前節でもふれた、学校を足場にしたソーシャルワーク（スクールソーシャルワーク）である。

ソーシャルワークの実践は、図13のような体系からなるとされる（日本学校ソーシャルワーク学会 2008、p.80）。第一に、当事者個人や当事者グループへの直接支援（ミクロレベル）、第二に、当事者支援に関わる組織・団体や専門機関の間の連携を促したり住民を組織したりすること（メゾレベル）、第三に、法律、制度、慣習などを変えるための社会への働きかけ（マクロレベル）である。

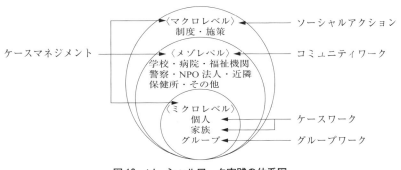

図13　ソーシャルワーク実践の体系図

海外のスクールソーシャルワークの理論・実践やウェルビーイングの概念が日本で知られるようになったのは、子どもの権利条約が批准されたころである。当初は、不登校、いじめ、「学級崩壊」をはじめとする教育問題への対応という文脈から、スクールソーシャルワークは注目を集めた。文部科学省は、「生徒指導上の問題」への対応という視点から「問題行動に対する地域における行動連携推進事業」や「スクーリングサポートネットワーク整備事業」を開始し、その延長線上で「スクールソーシャルワー

カー活用事業」(2008年)を始めた。その後、「いじめ防止対策推進法」と「子どもの貧困対策推進法」ができ(2013年)、多様化・複雑化する教育課題への対応のあり方について中教審答申が「チームとしての学校」という考えを打ち出した(2015年)。

　さらに、2017年3月に改正された学校教育法施行規則には、スクールカウンセラーならびにスクールソーシャルワーカーの職務内容と配置に際しての配慮事項が盛りこまれた。このことは、スクールソーシャルワーカーが学校のスタッフとしてオフィシャルに認められたことを意味する。現在は、市町村独自の予算でスクールソーシャルワーカーを雇用し、配置・派遣する自治体が増えつつある。

　行政施策としてスクールソーシャルワーカーが配置されるようになったのはごく最近のことである。しかし、そのはるかに前から、事実上のスクールソーシャルワークは、児童養護施設に暮らす子ども、障害のある子ども、高校非進学・中退者、貧困家庭の子どもなど、「教育と福祉の谷間」にあるといわれる子どもたちの生存権・教育権保障として展開されてきた(小川・高橋 2001)。もっとも早い時期の実践例としてよく知られているのは、第2章で紹介した「福祉教員」の実践である。その他にも、日雇い労働者のまち「あいりん地区」で戸籍や住民票のない子どもたちの生活支援と就学保障に取り組んだ「あいりん学園(あいりん小・中学校)」の実践(小柳 1978)や、同和地区の子どもたちの長期欠席や「荒れ」に対応すべく設けられた京都の「生徒福祉課」の取り組み(大崎 2012)などがある。

　だが、高度成長期に貧困・格差問題に対する社会的な関心が薄れていく中、スクールソーシャルワークは日本に根づかなかった。福祉と教育の結びつきの理論、教師と教師以外の専門職との連携・協働による子ども・家庭支援のあり方、当事者のエンパワメントの支援やセルフヘルプ活動など、理論的・政策的に探究すべき研究課題はいくつもある。

(3) 教育とソーシャルワークの接点

学校改革としての人権教育は、子どもの「人権」の保障をめざす。ソーシャルワークは子どもの「ウェルビーイング」の実現をめざす。このように両者の使う用語は違ってはいるのだが、両者の理念や実践の方法には似たところが多い。以下では、人権教育とソーシャルワークの用語の違いを押さえた上で、両者に共通する考え方や方法を次の3つの視点から考えてみたい。

第一に、当事者の直面する問題を周囲の人々との社会関係や社会的な背景のもとで捉えること（エコロジカルな視点）、第二に、当事者支援の活動と権利実現・権利擁護の社会運動とを結びつけること（アドボカシーの視点）、第三に、社会的「弱者」と見なされがちな当事者の「強さ」に光をあてること（エンパワメントの視点）である。

①個人の問題を環境との関係において捉える―エコロジカルな視点―

ソーシャルワークでは、生態学的（エコロジカル）な視点ということがいわれる。生態学では、生物同士や生物と環境の関係の全体を生態系（エコシステム）と呼ぶ。ソーシャルワークでいう生態学的な視点とは、人のくらしが他者や社会環境・生活環境との関わり合いのなかで営まれていると見立てる視点のことである。このように人のくらしを捉えるならば、個人の生活課題を解決するためには、個人と周りの人たちの関係を編み直したり、福祉に関わるいろいろな制度、組織、施設（社会資源）と個人をつなげたりすることが必要となる。このソーシャルワークの活動を介入（インターベンション）という。

教師の「指導」は子どもへと向かう。ソーシャルワーカーの「介入」は当人とそれをとりまく環境の関係へと向かう。どちらも広い意味では対人援助の仕事だとはいえるが、そのアプローチは対照的である。しかし、「指導」においても、ときに「介入」的な発想が顔を出すことがある。

10年ほど前のことである。人権教育に熱心に取り組んでいるある小学

第4節 まとめ―教育とソーシャルワークの接点―

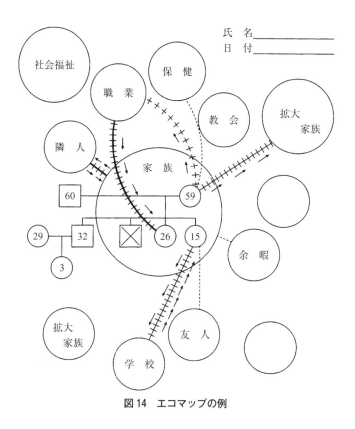

図14 エコマップの例

校で、筆者は次のような場面に出くわした。休み時間に子どもたちの間でけんかがおきたらしく、授業時間をつぶしてある教師がその仲裁にあたっていた。教師は、まず、けんかの当事者と周りにいた子どもたちから、けんかの中で発せられた言葉やそれをきいたときの気持ちを聞き取っていった。そして、その情報をもとに子どもたちの関係を黒板に図示していき、けんかの当事者が、普段、学級の中で周囲の級友とどのような関係にあるのか、揉め事がこじれていったのはなぜかを皆で考えるように仕向けていった。面白いことに、教師が黒板に描いた図は、ケースワークで用いられるエコマップ（図14）（日本スクールソーシャルワーク学会 2008、p.124）によく似ていた。

教師が黒板に描いた人間関係の図とエコマップが似ていたのは、おそらく偶然ではなかったと思う。その小学校の教師たちは、けんかを当事者同士の問題としてではなく、当事者を含む学級集団全体の問題として捉え、成員皆で解決をはかっていこうとしていた。2つの図が似ていたのは、きっと、その教師が、集団づくりと個の成長を表裏一体のものとして捉え、子ども一人ひとりの成長を周囲の子どもとの関係の中で促そうとしていたからである。

　個人と環境とをつなぐという発想は、教室・学校の外にも広がっていく。子どもの直面する困難は、教室の外の要因から生じていることが多く、複数の困難が絡み合っていることもままある。そのような場合、学校外の組織や機関が提供しうる社会資源と子ども・家族をつなげていく必要がある。A中学校の支援教育について述べたように、「障害」「貧困」「学力不振」「不登校」などの困難はときに複雑に絡まり合いあう。だから、A中では、子どもの直面する困難を要素分解的に把握するのではなく、子どもの生活をホリスティックに捉え、子どもとその家族を様々な社会資源につなげようとしていた。これはソーシャルワークにおけるケースワークの発想に他ならない。こうした子ども・家庭支援を積み重ねていくうちに、学校内外の人々が子どもを中心につながった支援のシステムが作られていくのである。

②社会を変える／当事者を変える―アドボカシーとエンパワメント―

　2000年代の初めまで、多くの同和地区では、青少年の地域活動としての「解放子ども会」や子ども会の支援や子育てに関する相互学習を行う「教育保護者会」が盛んに活動をしていた。これらの活動は同和対策事業の終結に伴って勢いを失っていったが、子どもの居場所づくり・「子ども食堂」・教科の学習支援などのかたちで活動が続いている地域もある。

　かつての教育保護者会の活動には、次に挙げる2つの側面があった（髙田 2008b）。第一に、学校への教職員加配や地域における社会教育施設の充

第4節　まとめ―教育とソーシャルワークの接点―

実など、教育条件整備を求めることである。第二には、子育てや教育について相互交流を図り互いの悩みを共有してともに解決の方策を考えることである。前者は「外」にむけての要求運動、後者は「内」なる課題に取り組む自己教育運動である。

　ソーシャルワークでは、困難を抱えている人々が権利擁護・権利実現のために社会に働きかけたり政策を提言したりする活動をアドボカシーと呼ぶ。アドボカシーの主体はあくまで当事者だが、それは声を上げられない人の「代弁」として行われることもある。例えば義務教育教科書の無償化を求める運動は、子どもの教育を受ける権利を実現するために立ち上がったおとなたちによるアドボカシーだった（村越良子・吉田文茂 2017）。そうした運動の積み重ねの先に、同和対策のための法律や特別対策事業が実現されていったのである[7]。

　しかし、そうした外向けの運動以上に当事者にとって重要だったのは、日々の子育てや教育と向き合うことだった。同和地区の保護者には、子ども時代に充分に親との関わりを持てなかったため、子育てに戸惑い、思い悩む人が少なくなかった。保護者会の活動は、そうした親たちが抱えていた子育ての悩みを共有し、皆で知恵を出し合い、解決を図る機会を提供していた。

　困難に直面した当事者が集い、助け合い、ともに問題解決を目指す活動をセルフヘルプ（self-help）という（Katz, A. H., 1993、久木田 1999、久保・石川 1998）。直訳すれば「自助」であるが、意味内容から考えると「共助」あるいは「互助」と訳すのが適切である。一人ひとりが体験を語り合い、一人の抱えていた問題がみんなの問題でもあることを悟ること、自己肯定感を回復したり問題解決の手がかりを得たりすること、さらに問題の社会的な広がりを認識し、問題を生み出す社会の制度や価値を変えようとする活動がセルフヘルプである。教育保護者組織の参加者の中には、そうしたセルフヘルプの活動を通して、エンパワメントを実現していった人もある。

　今から十数年前、筆者は教育保護者会に関する聞き取り調査を行ったこ

とがある。その調査にご協力いただいたある女性（Aさん）のことは、今も忘れられない。彼女は1980年代にある地域の保護者会の中心メンバーとして活躍した。彼女の住む地域では、当時、子ども会や学校で保護者や地域住民からの聞き取りを行っていたのだが、それに先立って教師たちは家庭訪問をして保護者と聞き取りの内容を話し合っていた。話し合いの際にある教師が発したことばを、Aさんは次のように振り返った。

　「ああ、お父さんは免許を取りに行くことが差別との闘いやってんね」て先生に言われて、ハッとした。父親は学校にも行かんと大きうなった人で、ゴミとりの仕事のために車の免許をとらなあかんようになった。私は、自分の父親を、博打はするし、仕事やれへんし、お母ちゃん叩くし、酒飲んだらひどいしとしか見てなくって。生まれて初めて、赤の他人から自分の父親を褒められて、私、びっくりして。ああ、そんな見方もあんねんなと。私は父親のあかんとこばかり見てたけど、「お父さん、頑張りはったんやな」と言われて、それがすっごい嬉しくて。

（髙田 2003、p. 119）

　この出来事がきっかけになって、Aさんは、自分の父親のことを子どもたちに話せるようになった。それは荒れた生活の中にあった父親のたくましさや頑張りにAさん自身が気づき、父親への反感を拭い去ることができたからである。その後、Aさんは、保護者会の活動を通して、自分と同じように「親を否定しながら生きていく寂しさ」（Aさん）を抱えてきた他の保護者を変えていくことになる。
　社会的抑圧や貧困の中にある「弱者」は、時に、自己否定的な感情を強く持たされることがある。それは「強者」が「弱者」に抱くイメージを内面化してしまうからである。その否定的感情のはけ口がさらに別の「弱者」に向けられてしまうことさえある。「弱者」とされた人々が自らのう

第4節　まとめ―教育とソーシャルワークの接点―

ちに潜んでいた「強さ」を再発見するのがエンパワメントである（平沢 2000）。このような心理的なエンパワメントは、社会的／政治的エンパワメントの原動力になる。

ソーシャルワークでは、クライアントの「強さ」を資源として活用する方法をストレングス（strength）アプローチという。教育活動におけるエンパワメントは、ソーシャルワーカーとクライアントの関係におけるエンパワメントと似通った構造を有しているのかもしれない。たとえば、神村・新保（2014）は、子どもたちの社会経済的な背景がきびしい学校で求められる教師の資質・能力がソーシャルワーカーの資質・能力に重なることを指摘し、それらを「内なる力を信ずる人間観」「子どもの社会的背景を理解する価値観」「学校、家庭、地域の社会関係資本（つながり）を形成する力」と表現している。先の教師はAさんの父親に「内なる力」を見出し、それをAさんに示したのである。

教育の実践をソーシャルワークのことばで描き、読み解くことができれば、教育とソーシャルワークの理論と方法の橋渡しができるかもしれない。時間はかかるだろうが、挑戦してみたい仕事である。

第6章

まとめと今後の課題

第1節　要約と結論

　本書の目的は、同和教育を源流とする学力保障実践の歴史と近年の子どもの貧困対策の動向をふまえて、あらゆる社会的不利益層の児童・生徒の学力保障の展望を明らかにすることにあった。

　1990年代以降、同和地区で深刻になっている子どもの貧困や学力不振は、経済状況・雇用状況の悪化をはじめとする社会全体の格差拡大要因によるところが大きい。そうした社会の変化の影響は、在日外国人、障害者、ひとり親世帯など、様々な社会的に不利な立場におかれた子どもたちにも及んでいると考えられる。学力保障の目標は、同和地区と地区外の格差縮小から、あらゆる社会的不利益層の学力の底上げへと転換していく必要がある。さらに、格差・貧困が子どもに及ぼす多面的な影響を考慮に入れて、学校の役割を多面的に見直す必要がある。本書では、このような、新たな時代の学力保障と学校づくりの展望を、校区に同和地区を有するある中学校（A中）の歩みを手がかりにして、明らかにしようとした。

　以下では、各章の内容を要約し、本書全体の結論を述べ、今後の研究課題をあげたい。

　第1章では、学力保障を、社会権としての教育権保障とそれを実現する学校改革と捉え、戦後同和教育における学力保障の実践と研究を回顧した。そして、教育権保障という観点が、同和対策事業終結後のオフィシャルな人権教育に欠落していること、同和教育における学力保障の取り組みとは切断された形で、子どもの貧困対策の一環として学力保障が推し進められようとしていることを述べ、人権保障としての学力保障を実現する学校づくりの研究が求められていることを述べた。

　第2章では、同和対策審議会答申（1965年）が重視した教育の機会均等の保障が、経済発展のための人的資本形成という側面を持っていたこと、答申がその存在を指摘した「実態的差別」の解消策とされた学力の向上と

就職の機会均等は、部落出身という属性によってメリトクラシーの埒外に置かれてきたと人々に業績本位のメリトクラシー原理を押し広げることを意味していたことを指摘した。

ついで、1980年代後半以降の実証的な学力研究をふまえて、同和地区の児童・生徒の低学力の要因を整理した。同和地区の児童・生徒の学力不振は、従来、「不平等な機会構造」（教育機会や職業選択の機会が閉ざされてきたことによる経済的低位性、アスピレーションの低下）と「同和地区の下位文化」（話しことば優位の言語文化、現状肯定的・現在志向的な態度）によって説明されてきたが、1990年代以降、新たな低学力の要因として、「同和地区の構造的変動」（住宅政策の変更に伴う生活安定層の流出と生活不安定層の流入、非正規・低賃金労働の増加に伴う若年層の生活基盤の不安定化）や「消費社会化の負の影響」（家庭における学習環境の悪化、現状肯定的な価値志向）が指摘されるようになっている。

近年に行われたいくつかの調査によれば、今日の同和地区では、再び社会経済的低位性が深刻化し、児童・生徒の学力や高校進学率が低下している。この現象について、筆者は、かつての同和地区がメリトクラシーから排除された結果として貧困に囚われていたのに対し、今の同和地区がメリトクラシーの装いを持った「ペアレントクラシー」に取り込まれた結果として貧困に囚われていると解釈した。

同和地区住民は、社会変動の負の影響を受けやすい、バルネラブルな社会集団である。だが、それと同様の状態にある集団は、ニューカマー、障害者、母子・父子世帯、高校中退・非進学者、児童養護施設で暮らす子どもたちなど、他にも存在する。そのことを考えると、メリトクラシーに取って代わる学力保障の理念と、あらゆる社会的不利益層の学力保障に資する学校づくりのあり方を明らかにする必要がある。

第3章以降では、そのような普遍的な学力保障の展望を、A中学校およびその校区における取り組みの歴史をふまえて、明らかにしようとした。

A中学校の校区には、大規模な同和地区がある。A中は従来から「同和

教育推進校(同推校)」と呼ばれてきた学校であるが、同和地区の出身あるいは居住する生徒、経済的にきびしい状況にある生徒、ひとり親・両親不在の生徒、児童養護施設に暮らす生徒など、社会経済的に不利な立場におかれた生徒がとても多い。大抵の学校では、これらの集団ないしはカテゴリーに含まれる生徒は文字通りの意味で「少数派(マイノリティ)」なのだが、A中ではそうではない。むしろ「多数派(マジョリティ)」といっていい。A中は、統計的な意味においては日本の代表とはいえないが、同和教育から出発した学力保障の歴史や格差・貧困の拡大という今日的教育課題への対応を、典型的に把握できる事例である。子どもたちの社会経済的な状況がきびしい分、取り組むべき教育課題が顕在化しやすい事例だともいえる。

　第3章では、開校(1976年)から同和対策事業の終結直後の頃(2005年頃)までのA中の実践を、史料調査と2004年度から2005年度にかけて行ったフィールドワークにもとづいて記述・分析した。

　1976年の開校以来、A中は保護者や地域住民・地域組織と連携して、あらゆる差別の克服とあらゆる生徒の学力保障のための取り組みを積み重ねてきた。だが、1990年代以降は、子どもの問題行動や学力低下が以前にも増して深刻になっていった。これには、同和地区とその周辺地域への貧困・生活困窮者の流入・滞留、地域住民の階層分化や部落解放運動の求心力の低下に伴う社会関係資本の減退、同和対策事業の縮小・終結に伴う行政からの支援の縮小、教職員の世代交代と頻繁な異動による学校の組織体制の弱体化といった要因が複合的に影響していた。

　A中の教育に転機が訪れたのは2010年ごろのことである。第4章の前半では、2011年度以降のフィールド調査をもとに、復興の途上にあるA中の姿を描いた。A中では、市教委の人事異動の慣行が見直され、若手の創意とベテランの助言や支援がかみ合って教職員組織が活性化した。また、住民ボランティア、児童福祉関係機関、支援学校などとの連携・協力が軌道に乗り、「生活と発達の包括的保障」ともいうべき教育実践が展開さ

れるようになった。これらは表層レベルの変化であるが、その底流には、生徒同士・生徒と教師の情緒的な絆を大切にする価値と仲間づくりの実践があった。最終的には、これらの要素が結びつくことで、生徒の進路意識の変化や高校進学率の上昇という進路保障面の成果が生まれていた。

　第4章の後半では、これまでのA中の教育実践を、「効果のある学校」の視点から総括的に評価した。教職員の懸命な努力と地域住民・保護者からの支援にもかかわらず、過去四半世紀の間、A中は学力保障においてみるべき成果をあげられないでいる。A中の生徒の学力不振の背景には、学校の力ではいかんともしがたい経済格差やコミュニティの疲弊という問題が横たわっているからである。しかし、そうした困難の中にあって、A中は、生活保障、就学保障、仲間づくりなどを通じて「学校生活への包摂」（阿部 2014）を実現し、きびしい生活状況の生徒や複合的な困難を抱えている生徒を支えるセーフティネットとして機能している。これは「効果のある学校」論の枠組みでは捉えきれない教育成果である。

　続く第5章では、まず、政府の進める子どもの貧困対策としての「教育支援」を概観し、施策が高等教育段階に偏っていること、学力格差の実態把握がなおざりにされていること、学校総体の改革という視点が弱いことを指摘した。ついで、子どもの生活を包括的に捉えるウェルビーイングの視点から、学校の使命を再検討した。学力・進路保障の意義は、未来のウェルビーイングをもたらすことにある。だが、学校の使命は未来のウェルビーイングの保障だけではない。学校は、A中の事例でみたように、経済的負担の軽減、健康の維持、仲間とのふれあい、生活体験・社会体験など、子どもの現在の生活の質の向上にも深く関わっている。

　第5章の後半では、ウェルビーイングの実現という観点から、教育・福祉関係者に対し、次のような提言をした。

　1つめは、学校固有の役割を再評価することである。具体的には、未来のウェルビーイングの実現の方策として学力と進路の保障を位置づけ、社会経済的に不利な立場にある子どもが多い学校に対して特段の支援をする

こと、さらに、現在のウェルビーイング追求の場としての学校・学級の生活共同体的側面を再評価することである。

2つめの提案は、地域の教育活動や学校からの家庭支援・こども支援を、ソーシャルワークの視点から捉えなおすことである。かつての同和地区で展開された地域教育運動は、個々の家庭や子どもの抱える課題を関係者で共有し、その解決を集団的に図るという意味で、まさにコミュニティワークにあたる活動だった。近年の校区での地域教育活動もまた、あらたなコミュニティワークの動きとして捉えることができる。

第5章の締め括りでは、子どもの権利保障という視点から、人権教育とソーシャルワークを包括的に捉える枠組みを検討し、両者に共通する発想や方法を3つの視点から整理した。第一に、当事者の直面する問題を周囲の人々との社会関係や社会的な背景のもとで捉えること（エコロジカルな視点）、第二に、社会的「弱者」と見なされがちな当事者の「強さ」に光をあてること（エンパワメントの視点）、第三に、当事者支援の活動と権利実現・権利擁護の社会運動とがつながることである（アドボカシーの視点）である。

困難を抱えた子どもが多ければ多いほど、困難が複合的であればあるほど、要素還元的な発想で学力向上の「対策」を講じても教育成果はあがらない。ウェルビーイングの実現という理念にたって子どもの生活環境をホリスティックに捉え、ウェルビーイングを実現する要素のひとつに学力保障を位置づけ、ソーシャルワークを学校教育活動と結びつけていくことで、メリトクラシーを乗り越える学力保障の展望を切り拓くことができる。これが本書全体の結論である。

第2節　今後の研究課題
　　　―「チーム」としての学校・就学前期からの取り組み―

今は遠くの展望を見すえつつ、足元の課題をまず解決しなくてはならな

い。ここでは差し迫った研究課題を 2 つあげておきたい。第一に、「チームとしての学校」づくりについての研究、第二に、就学前期からの貧困対策についての研究である。

まず「チームとしての学校」について考えたい。日本の教師が、教科の学習指導以外に多くの仕事をしていることはよく知られている。2015 年の中教審の答申では、授業以外の仕事による多忙化を解消するために、あるいは複雑化・困難化している子どもをめぐる課題に対応するために、学校内外の専門スタッフや専門機関・NPO・ボランティアなどと教師が「チーム」となって課題の解決にあたるという考えがうちだされている。子どもの貧困は、生徒指導、特別支援教育と並ぶ、複雑化・困難化したとされる教育課題のひとつである（中央教育審議会 2015）。

「チームとしての学校」づくりには、教師の仕事量を減らし、教師が教室で「子どもに向き合う時間」を増やすことが期待されている。けれども筆者は、教師の負担軽減が自己目的化することを恐れる。歴史を振り返るならば、地域を歩き、保護者や住民の期待と願いに耳を傾け、子どもや保護者の生活背景を知り、子ども観や教育観を見直し、自己変革を遂げながら、新たな実践を創造していくという同和教育の作風は、困難を抱えた子どもたちを支える学校づくりの原動力であった。

筆者が、今、懸念するのは、「チームとしての学校」づくりの施策が、子どもの社会経済的背景について理解を深めたり、地域・保護者との関係を築いたりする機会を減らすのではないかということである。

中教審の答申は、教師が「子供たちの状況を総合的に把握して指導に当たってきたこと」が教育の成果につながっており、専門スタッフの参画は「業務の切り分けや代替を進めるものではない」と釘を刺している。しかし、その一方、「アクティブラーニング」の視点からの授業改善を強く求めるなど、学習に関わる新たな課題への対応を教師に求めている。中教審の発するメッセージは玉虫色であり、「チームとしての学校」の名のもと、教師の仕事が教室での教授（teaching）に純化される可能性も否定できない。

もしそうなれば、教師の責任の範囲は狭くなるだろう。だが、それと引き換えに児童・生徒の社会経済的背景を理解する力は衰えるはずである。
　学校は、子どものウェルビーイングの実現のため、学習指導以外の様々な教育活動や子ども・家庭支援に関わる必要がある。ただし、それらを、誰が、あるいはどのような集団が担うべき／担いうるかについては、まだ十分に検討されてはいない。学校における教師と教師以外の専門職との連携・協働に関する研究は始まったばかりである（保田 2014）。筆者が A 中で見出した生活支援・家庭支援のシステムも、不安定で未完成のものである。ソーシャルワークと人権教育の結びつきについては第 5 章で述べたが、これはまだ試論の域を出ていない。「チームとしての学校」づくりについては、さらなる事例研究の蓄積とそれをふまえた教育・福祉連携の理論構築が求められている。
　今後に残された第二の研究課題は、就学前期からの貧困対策についての研究である。日本の子どもの貧困対策では、社会経済的な困難を抱えた子どもの就学前教育や家庭支援がほとんど省みられてない。政府は「切れ目のない」子どもの貧困対策を行うというが、子どもの貧困対策関連予算の大半は、高等教育等の奨学金関連の予算である。一方、子どもの貧困と教育に関わる研究は、小学校や中学校での学力格差についての研究、義務教育修了後の進路に注目する研究、学校から社会への「移行」という観点から「最後のセーフティネット」としての高校に注目する研究など、初等中等教育段階を中心に行われてきた。だが、「最初のセーフティネット」ともいうべき乳幼児期の保育・教育や子育て支援に関する研究は、筆者の知る限り、日本にはほとんど見当たらない。
　欧米での貧困対策の歴史が教えるのは、乳幼児期の早期プログラムが大いに有効だということである。大規模なプログラムには、米国のヘッドスタート（Head Start）や英国のシュアスタート（Sure Start）があり、日本でも少しずつ知られるようになってきた（添田 2005、髙田 2000、ベルスキー他訳書 2013、埋橋 2009、2011）。ヘッドスタートもシュアスタートも、子ども

の保育・教育や保健管理と保護者の子育て支援・就労・生活支援を組み合わせた包括的な教育・福祉プログラムである。これらのプログラムの効果は就学後には減退していくという見解もあるが、その対費用効果は学齢期や青年前期のプログラムよりも大きいとの反論もある。

　日本には、「少子化対策」としての就学前保育・教育政策はあっても、貧困対策としての就学前保育・教育政策は存在しない。欧米のヘッドスタートなどに近いものとして、かつての同和保育およびそれらと結びついた保護者組織の活動がある（髙田 1997、1999）。これらは、子育ての経験や環境に恵まれてこなかった保護者を支援し、子どもの生活と成長を保障しようとする取り組み・実践であった。だが、同和保育の理論や実践が子どもの貧困対策にいかなる示唆を与えるのかは、いまだ十分に検討されてはいない。

注

第 1 章

(1) かつて部落問題の本質は身分・仕事・居住地域の「三位一体」的な結びつきにあると考えられていたが、そうした考えは事実認識として妥当ではない（二口 2012、野口 2000）。国連は部落差別やインドのカースト制を「世系・職業にもとづく差別」と捉えているが、日本国政府はこの見解に反論している（友永 2004）。実態としても認識としても、マジョリティ（非・部落出身者）とマイノリティ（部落出身者）の境界が鮮明でなくなっていることが、部落問題をみえにくくさせている。

(2) 国（総務庁、後に内閣府）は、同和対策に関わる法律の制定・期限延長・改正の節目ごとに、これまでに 5 度（1967 年、1971 年、1975 年、1987 年、1993 年）、全国規模の同和地区実態調査を行っている。産業や福祉といった課題別の調査や、自治体での調査も相当数にのぼる。しかし、多くの調査が行われた割には、調査結果が行政施策にどう生かされたか、ほとんど明らかになってない（世界人権問題研究センター 2014）。なお、地方自治体では同和地区の児童・生徒の学力調査がいくつも行われたが、全国的な学力調査はついに一度も行われなかった。

(3) 日本教育学会では、紀要『教育学研究』で 1971 年に同和教育の特集が組まれ（第 38 巻第 3 号）、1981 年の大会で「同和教育の今日的課題」のシンポジウムが行われた。それら以外には同和教育関係の論文掲載や研究発表はほとんどない。日本教育社会学会の紀要『教育社会学研究』では、創刊から 1970 年代までに掲載された同和教育に関わる論文は、松本（1952）と後藤（1978）の 2 編だけである。1970 年代に教育研究者が同和教育研究から遠ざかったことには、部落解放運動・同和教育運動をめぐる共産党と部落解放同盟の路線対立が影響したとの指摘がある（小沢 1982）。

(4) 進学率が上昇したのは、高校の入学定員が拡大し、奨学金等の制度化によって教育費負担が軽減されたからであり、同和地区と同和地区外の学力格差は縮まっていなかったとの主張もある（鍋島 1991）。1970 年代までは学力のデータが乏しく、この主張の妥当性を検証するのは難しいが、義務教育を修了して高校に進む人が増えたことは、ライフチャンスの拡大という観点からみて望ましいことだったのにちがいない。

　高校進学率や学力の格差の推移を考えるにあたっては、同和地区の人口の流出入を考慮する必要がある。1985 年には、大阪で、10 年前（1975 年）に中学を卒業した同和地区生徒の進路追跡調査が実施された（85 年進路追跡調査実行委員会 1986）。10 年前の中学卒業時の高校進学率は約 90％だったが、高校中退の影響により最終学歴が高校卒以上の者は 73％にとどまっていた。同和地区内に住んでいた者は 55％で、45％の者は

地区外に転居していた。転居の理由では、男性では仕事の都合と住宅事情が約4分の1ずつ、女性では結婚が約半数を占めていた。ただし、この調査では、同和地区外の卒業生との比較はされず、教育達成・職業達成と地区外への転出の関連も明らかにされていない。
(5) 実際には、学力調査の実施は1回限りのことが多く、調査結果がその後の教育政策・教育実践に生かされることはまれだった。2000年代になると、同和教育に関わる調査とは別に、「学力低下」への懸念から各自治体で学力調査が数多く行われたが（志水・髙田 2012)、階層間の学力格差やマイノリティ集団の学力実態を明らかにするような調査はほとんど行われなかった。
(6) 共産党と友好関係にあった全国部落解放運動連合会（全解連）は、2004年に部落問題の解決は最終局面を迎えたとして組織を解散し、新たに全国地域人権運動総連合（全国人権連）を発足させた。一方、全国最大の部落解放運動団体である部落解放同盟は、その綱領で、身元調査、土地調査、インターネット上の差別的な書き込みなど、陰湿な差別が横行しているとしている。全国人権連と解放同盟の部落問題の現状認識は正反対だといってよい。

第2章

(1) 各調査の報告書は、実施順に次の通り。学力総合実態調査実行委員会 (1986)、学力・生活総合研究委員会 (1991)、学力生活総合実態調査実施市町村教育委員会・ふれ愛教育総合推進委員会 (1998)、東京大学大学院教育学研究科附属学校臨床総合教育センター (2003)、大阪府教育委員会 (2004)、大阪府教育委員会 (2007)。なお、1989年、1996年、2003年、2006年の調査はいずれも大阪府教育委員会が実施主体だが、1989年と1996年の調査では「同和地区」、2003年と2006年の調査では「旧対象地域」という表記になっている。「旧対象地域」とは、「かつて同和対策事業の実施対象地区に指定されていた地域」という意味である。本書では煩雑さを避けるため、すべての調査の表記を「同和地区」で統一する。
(2) 「家の人はテレビでニュースを見る」「家の人が手作りのお菓子を作ってくれる」「小さいとき、家の人に絵本を読んでもらった」「家の人に博物館や美術館に連れて行ってもらったことがある」「家にはコンピュータがある」という質問項目への回答を主成分分析にかけた結果をもとに尺度を構成してある。詳しくは、調査報告書（東京大学学校臨床総合教育センター 2003）の第2章「教育の階層差をいかに克服するか」を参照のこと。
(3) 総務庁が1993年に実施した調査の結果について、石元 (1995) は、高度成長期以降、同和地区では生活不安定層が流入する一方、若年高学歴層が流出していることを指摘している。ただ、当時はまだ社会全体で貧困問題への関心が広まる前で、運動体も行政もこの事態への対応が充分だったとはいえない。
(4) 大阪市内のある地域で最近実施された調査（妻木 2010）では、30代以下に不安定雇用がめだつことが明らかになっている。妻木によれば、壮年層は雇用対策等で安定した職に就くことができたが、若年層は同和対策事業の終結と社会全体での非正規雇用の

増加に伴って、生活基盤が不安定になってしまったという。
(5) 児童生徒支援加配は、同和加配を不登校対応の加配や日本語指導の加配などと統合して、同和対策事業の廃止と同時に新設された一般施策である。その趣旨はつぎの通り。

「学習進度が著しく遅い児童又は生徒が在籍する学校及びいじめ、不登校、授業妨害など児童又は生徒の問題行動が顕著に見られる学校等、特にきめ細かな指導が必要とされる学校において、児童生徒の状況に応じ、特別な学習指導、生徒指導、進路指導が行われる場合に教員定数を加配するものである」(文科省初等中等教育局通知、2002年4月)。

児童生徒支援加配の沿革と現在の取り組み事例については、髙田(2009)と大阪大学大学院人間科学研究科(2018)を参照のこと。
(6) メアマン(Meerman)は、部落解放運動の対行政闘争と行政施策の進展が部落問題の解決をうながしたことを積極的に評価しつつ、現在の同和地区には低所得者が滞留するとともにニューカマーの外国人をはじめとする「新しい低階層マイノリティ(new low-stats minorities)」が流入していることを指摘している(Meerman 2009)。
(7) 妻木と奥田の議論は、公営住宅建設によって住環境改善が行われた大都市の実態調査にもとづくものである。農山漁村では過疎化のために子どもがいなくなって教育問題自体が消滅してしまう事態も考えられるし、地方中小都市では新たな住宅開発で一般地区から住民が流入して「混住」がすすむといったことも起きうる。同和地区の規模や人口動態は非常に多様で、子どもの学力や教育達成の状況も一様ではないはずだが、その実態はほとんど明らかになっていない(部落解放・人権研究所 1999a)。

第3章

(1) 2015年度の全国学力・学習状況調査によると、調査対象学年(中3)で就学援助率が5割を超える中学校は大阪府で3.0%、全国では2.4%しかない。A中の生徒の経済的状況は非常にきびしいといえる。
(2) 抽出促進指導のための少人数編成教室や障害児が在籍する養護学級に対して、普通学級(通常学級)を「原学級」と呼んだ。「原学級」は、すべての児童・生徒が本来所属すべきは普通学級(通常学級)であるとの考えから生まれた用語である。障害の有無に関係なく、ともに普通学級(通常学級)で学ぶ権利を保障することを「原学級保障」ともよんだ。
(3) 関西の学校、特に校区に同和地区を有する同和教育推進校では、貧困、家庭内不和、学力不振、非行や問題行動など、学習指導・生徒指導面の困難に直面した児童・生徒を「しんどい子」とよんできた。「課題のある子」ということもあるが、「しんどい子」の方が子どもの置かれた境遇への共感やその子どもの境遇をよくしたいという感情がこもっているようである。この種の慣用表現は、教育現場の人々の感情や出来事への主観的な意味づけを生き生きと伝えることができるのでこの論文でも何カ所かで使っている。だが、それが使われる文脈を理解できない人には誤解のもとになったりすることもある(髙田 1998b)。

(4) 同和地区では自分たちの住む地域（同和地区）のことを「むら」と呼ぶのが一般的だった。「むら」は、同和地区というマイノリティ集団の社会方言である。
(5) 大阪府内各地で組織された同和地区の保護者組織。主に小・中学生の保護者が参加した。当初は同和対策事業の要求者・受給者組織として発足したが、次第に子育てについての啓発・学習・相互交流に活動の軸足を移していった。同和対策事業の縮小・終結に伴って、多くの組織が解散あるいは自然消滅した（髙田 1997、2008b、部落解放・人権研究所 2009a）。
(6) もともとは同和対策事業で建設された地域福祉（隣保事業）の拠点施設である。全国的には、隣保館という名称が一般的である。同和対策事業の終結の少し前から、広く一般向けに、生活相談、人権相談、就労支援などの事業を行うようになっている。
(7) 1995年の2年生の地域学習では、次の11の調べ学習のテーマがあがっている。「地域の移り変わり、障害者の解放運動、高齢者福祉、越境と校区問題、進学の状況、地域の声、A中差別事件、識字学級との交流、夜間中学校との交流、地域の食文化、ハングル講座」。
(8) 「同推校」ともいう。校区に同和地区を有し、同和教育の拠点になるべき学校という意味で、かつて教育現場では広く用いられた名称である。
(9) ここで「通過率」の考え方を説明しておきたい。ある集団の学力を表す時には「A中学校の全国学力・学習状況調査の平均正答率は○○、B中学校は××」といったぐあいに「平均点」を用いるのが普通である。では、なぜ、「通過率」に注目するのか。それは、「通過率」は「学校の力」をより精確に反映すると考えるからである。

点数で測定された学力には「家庭の力」と「学校の力」が関与している。生活基盤が安定し、保護者の教育への関心が高く、直接勉強を教えたり勉強しやすい環境を整えたりできる家庭の子どもが多ければ、学校がさしたる努力をしなくても、おのずとその学校の「平均点」は高くなる可能性が高い。それに対して、社会経済的に不利な状況にある子どもたちの学力を下支えする営為は、学校に固有のものである。学力形成において不利な立場にある子どもたちの「通過率」を引き上げるためには、その「学校の力」が大きくなくてはならない。
(10) コールマン（2005）は、宗教系（カトリック）の学校が中退率を低く抑えていることについて、保護者や子どもが同じ宗教的共同体に属していることによるものだと考えた。パットナム（2001、2009）は、市民参加のネットワークおよびそこに埋め込まれた信頼と互酬性の規範が、人々の協調行動を促し、民主主義的制度を円滑に機能させたり社会の効率性を高めると考えた。集合財としての社会関係資本については、閉じた集団内で共有される「クラブ財」と、もっと一般的な「公共財」に区別する論がある（稲場 2011）。コールマンの研究は後者に、パットナムの研究は前者に着目したものだといえる。

同和教育の高揚期において、同和地区の人的ネットワークは、地縁や血縁にもとづく閉じたネットワークから、地域教育運動や保護者の学校参加や周辺地域との交流拡大を通して開かれたネットワークへと変わっていったと考えられる。だが、2000年代以降は、古くからの「クラブ財」的なネットワークの衰退に拍車がかかると同時に、新しく

形成された「公共財」的なネットワークも劣化していったように思われる。

第4章
(1) 海外では人種的マイノリティで特殊教育（special education）の対象者が多いことを指摘する研究があり（Harry and Klinger 2006）、日本にも社会経済的背景から生じていると思われる教育的課題への対応が特別支援教育によってなされているとの指摘がある（原田琢也 2011）。児童養護施設に暮らす子どもには、極度の学力不振、特別支援学級の在籍、特別支援学校高等部への進学が多いこともよく知られた事実である（高口 1993、全国児童養護施設協議会調査研究部会 2006、西田 2011）。
　以上の先行研究からは、社会経済的な要因に由来する学力不振や問題行動が「障害」のせいだと解釈されている可能性があるといえる。あるいは、恵まれない生育環境の中で、「障害」の発見が遅れたり不適切な対応が行われたりして、それが二次的に学力不振や問題行動を誘発・増幅している可能性もある。
(2) 普通は「特別支援教育」。A中では「支援教育」と呼んでいた。支援教育のコーディネーターによると「支援」はあらゆる「障害」に関わる概念、「特別支援」は軽度発達障害などの新しい「障害」に限定した概念だというが、実際には、医学的診断とは関係なく「障害児教育」に代わる用語として「支援教育」が使われていた。
(3) 児童生徒支援加配については、第2章注（5）を参照のこと。
(4) 生徒の抱える困難が大きければ大きいほど、経済資本や文化資本（家庭の経済力や教育力）よりも、社会関係資本や感情資本（emotional capital）が教育活動にとって重要な資源になると考えられる。いわゆる教育困難校における「感情」の重要性を示す研究として、伊佐（2013）の研究がある。
(5) 「通過率」については、第3章注（9）を参照のこと。「効果のある学校」論は、集団間の学力格差に焦点をあてる。海外の効果のある学校の研究では、出身階層やエスニシティなどの属性ごとに集団間の学力格差を検討するのが普通である。1989年の調査では、同和地区と地区外ならびに通塾している子どもとしていない子どもの学力格差を把握した。2001年の調査ではそれらに加えて、保護者の学歴による学力格差や家庭の文化的環境（文化階層）による学力格差も把握している。2013年の調査では、保護者調査で年収や学歴を問うたが、諸般の事情から保護者調査自体を実施しなかった学校や年収・学歴・家族構成等の項目を省いて実施した学校もあった。家庭の文化的環境に関わる項目もかなり入れ換えた。これらの事情から、学力格差を把握する手がかりとして、ここでは通塾状況を用いている。
　学習塾に通っているグループと通っていないグループを比較するのは次のような理由からである。第一に、子どもが学習塾に通えるためにはある程度の経済的なゆとりが前提となる。「子供の学習費調査」（文部科学省 2014）などでは、補助学習費の支出額に所得による明白な差が存在することが知られている。第二に、学習塾に通うにあたっては本人の意向もさることながら保護者の意向も重要である。第三に、学習塾通いは、学校外の学習機会を左右する。以上のように、学習塾通いは、家庭の経済力、保護者の教育への関心、学校外での教育機会などを総合した、社会経済的背景の代理指標と見なす

ことができる。
(6) 学校全体の要保護率、準要保護率、ひとり親または両親不在の率、外国籍児童・生徒の率についての回答から作った合成変数が「生活背景スコア」である。各質問の回答に次のように点数を割り当て、それらの合計を「生活背景スコア」とした。スコアの最低は4点、最高は23点である。

要保護率
　1％未満：1
　1％以上3％未満：2
　3％以上5％未満：3
　5％以上10％未満：4
　10％以上20％未満：5
　20％以上：6

準要保護率
　10％未満：1
　10％以上20％未満：2
　20％以上30％未満：3
　30％以上40％未満：4
　40％以上50％未満：5
　50％以上：6

ひとり親または両親不在の率
　5％未満：1
　5％以上10％未満：2
　10％以上20％未満：3
　20％以上30％未満：4
　30％以上：5

外国籍児童・生徒の率
　1％未満：1
　1％以上3％未満：2
　3％以上5％未満：3
　5％以上10％未満：4
　10％以上20％未満：5
　20％以上：6

(7) 2018年春の時点で、A中は市内で2番目に規模が小さな中学校である。最も小規模の中学校は、小規模特認校として市内全域から入学者を受け入れる計画をたてている。A中についても小規模化への対応策が議会や地域住民・保護者の間で検討されており、施設一体型小中一貫校化が選択肢のひとつにあがっている。なお、公正・平等の観点から小中一貫教育・小中一貫校について論じた研究に、西川・牛瀧（2015）がある。
(8) このちがいには、当該地域・学校における地域教育運動・同和教育の歴史や、貧困・生活困難層のボリュームの違いが影響しているものと思われる。A中の就学援助率は5割強、盛満の研究対象校では約2割である。また、前者では様々な生活や学習の面で困難を抱えた子どもたちの集団づくりの取り組みがあるのに対し、後者ではそのような組織的取り組みがみられない。後者のように、貧困層が、文字通りの意味で少数派の場合、教師個人の配慮や善意による対応が優勢になるのかもしれない。

第5章
(1) 法律では「子ども」、大綱では「子供」と表記されている。ここでは引用を除き「子ども」の表記で統一する。
(2) 2017年3月、内閣府は『子供の貧困に関する新たな指標の開発に向けた調査研究報告書』（内閣府 2018）を公表した。現在（2018年11月）は、内閣府の有識者会議で

指標の見直し作業が行われている。貧困層における「学力に課題のある子どもの割合」は新しく指標に追加される見こみである。
(3) 2017年に公表された最新の報告書『未来を築く―先進国の子どもたちと持続可能な開発目標―』(原題は "Building the Future: Children and the Sustainable Development Goals in Rich Countries") によると、日本の相対的貧困率は、貧困率の低い順に数えた順位で41ヶ国中23位である。ウェルビーイングについては、以下に示す分野(日本語は邦訳版、英文は原文)ごとにデータを示している。

- 貧困の撲滅 (end poverty in all its forms everywhere)
- 飢餓の解消 (End hunger, achieve food security and improved nutrition)
- 健康 (ensure healthy lives and promote well-being)
- 質の高い教育 (ensure inclusive and equitable quality education for all)
- ジェンダー平等 (Achieve gender equality and empower all girls)
- 質の高い就労 (promote full and productive employment and decent work for all)
- 格差の縮小 (reduce inequality within and among countries)
- 持続可能な都市と住環境 (make cities inclusive, safe, resilient and sustainable)
- 持続可能な生産と消費 (ensure sustainable production and consumption patterns)
- 平和で包摂的な社会
 (promote peaceful and inclusive societies for sustainable development)

日本語版報告書(UNICEF訳書 2017)では、ウェルビーイングを「幸福度／生活の質」と訳している。いささか熟れないが、ウェルビーイングが客観的な生活状況と自己の生活に対する認識の両方に関わる概念であることを示す訳語である。

なお、日本では、ウェルビーイング指標を構成するデータに欠損が目立ち、国際比較ができなくなっている領域が少なくない。この事実自体が、子どもの貧困対策における「政策の貧困」を示しているといえよう。
(4) ソーシャルワーク実践には、ミクロレベルの「ケースワーク」と「グループワーク」、メゾレベルの「コミュニティワーク」、マクロレベルの「ソーシャルアクション」がある。ミクロレベルは当事者個人や同じ問題を共有する人々のセルフヘルプグループを対象とした活動、メゾレベルは地域の様々な組織や団体の協同化や住民の組織化をはかる活動、マクロレベルは制度や施策の改革に取り組む社会運動である(日本学校ソーシャルワーク学会編 2008、pp. 79-81)。
(5) 文科省の調査研究協力者会議は、2017年1月、スクールソーシャルワーカーとスクールカウンセラーの職務内容や配置・研修体制に関する報告をまとめた(教育相談等に関する調査研究協力者会議 2017)。2017年3月には、この報告の内容をふまえて学校教育法施行規則が改正された。このことは、両職種が学校のスタッフとしてオフィシャルに認められたことを意味する。
(6) 「地域教育集団」とは、解放子ども会や高校生・大学生の会といった子ども・若者の組織、その年齢段階に対応した保護者の組織、保育所や学校、地域の社会教育施設な

どからなる、地域教育運動の主体をさす概念である。詳しくは、解放教育計画検討委員会（1975）、髙田（2008b）などを参照のこと。
(7) 義務教育段階の教科書無償配布を求める運動は、後年、すべての児童・生徒を対象とする教科書無償配布につながった。同和地区からおこった教育権保障を求める運動が、普遍的な権利保障につながった例である。

参考文献

85 年進路追跡調査実行委員会、1986、『部落の子どもの進路実態―85 年進路追跡調査報告書―』。

阿部彩、2014、『子どもの貧困Ⅱ―解決策を考える』岩波書店。

阿久澤麻理子、2012、「人権教育再考―権利を学ぶこと・共同性を回復すること―」石埼学・遠藤比呂道編『沈黙する人権』法律文化社、pp. 33-54.

Attewell, P. and Newman, K., S.（eds）, Growing Gaps: Educational Inequality around the World, Oxford University Press.

Bernstein, B., 1971, Class, Codes and Control Volume 1: Theoretical Studies towards a Sociology of Language, Routledge & Kegan Paul.

ジェイ・ベルスキー、ジャクリーン・バーンズ、エドワード・メルシュ編著、清水隆則監訳、2013、『英国の貧困児童家庭の福祉政策―"Sure Start"の実践と評価―』明石書店。

フィリップ・ブラウン、2005、「文化資本と社会的排除」A. H. ハルゼー／H. ローダー／P. ブラウン／A. S. ウェルズ編／住田正樹・秋永雄一・吉本圭一訳『教育社会学―第 3 のソリューション―』九州大学出版会、pp. 597-622.

部落解放生江地区保育を守る会、1993、『1992 年度子育て意識調査報告書』。

部落解放研究所編、1987、『学力保障と解放教育』、解放出版社。

部落解放研究所編、1988、『戦後同和教育の歴史』、解放出版社。

部落解放研究所編、1996、『地域の教育改革と学力保障』解放出版社。

部落解放研究所編、1997、『これからの人権教育―新時代を拓くネットワーク―』解放出版社。

部落解放研究所編、2001、『部落の 21 家族　ライフヒストリーからみる生活の変化と課題』解放出版社。

部落解放・人権研究所編、1999a、『変容する部落―多様化の中の差別―』解放出版社。

部落解放・人権研究所編、1999b、『大阪発・解放教育の展望』解放出版社。

部落解放・人権研究所編・発行、2009a、『大阪の部落における教育保護者組織―その現状と課題―』（部落解放・人権研究報告書 No. 12）。

部落解放・人権研究所編・発行、2009b、『貧困・差別と学力問題―その現状と

課題―(部落解放・人権研究報告書 No. 14)』。
部落解放・人権研究所編・発行、2010、『できることを、できる人が、できるかたちで―青少年会館条例廃止後の大阪市内各地における子育ち・子育て運動の現状と課題―』。
部落解放・人権研究所編・発行、2012、『解放子ども会改革の検証のために―子ども会の歴史と現状―』(部落解放・人権研究報告書 No. 21)。
「力のある学校」研究会、2008、『「力のある学校」の探究―大阪府・確かな学校力調査研究事業(平成19年度)から―』。
地域改善対策協議会、1996、「同和問題の早期解決に向けた今後の方策の基本的な在り方について(意見具申)」。
知念渉、2016、「『集団づくり』は公正な社会観をはぐくむか?―学力形成に付随する社会関係の社会化機能―」志水宏吉・髙田一宏編著『マインド・ザ・ギャップ!―現代日本の学力格差とその克服―』大阪大学出版会、pp. 125-144.
中央教育審議会、2015、「チームとしての学校の在り方と今後の改善方策について(答申)」。
Coleman, J. S. et al. 1966, *Equality of Educational Opportunity*, U. S. Government Printing Office.
ジェームズ・S. コールマン、2005、「人的資本形成における社会的資本」、A. H. ハルゼー/H. ローダー/P. ブラウン/A. S. ウェルズ編、住田正樹・秋永雄一・吉本圭一編訳『教育社会学―第三のソリューション―』九州大学出版会、pp. 91-120.
同和対策審議会、1965、「同和対策審議会答申」。
福原宏幸他、2012、「部落における青年の雇用と生活(上)(1)〜(4)」『部落解放研究』第196号、pp. 2-56.
人権教育の指導方法等に関する調査研究会議、2008、「人権教育の指導方法等の在り方について[第三次とりまとめ]」。
二口亮治、2012、「部落関係者とは誰か?」『解放社会学研究』第25巻、pp.71-90.
学力・生活総合研究委員会、1991、『学力・生活総合研究委員会報―同和地区児童生徒の学習理解度及び家庭学習状況等について―』。
学力生活総合実態調査実施市町村教育委員会・ふれ愛教育総合推進委員会、1998、『平成8年度学力生活総合実態調査集計結果の分析と考察について(Ⅱ)』。
学力総合実態調査実行委員会編・発行、1986、『学力と生活の向上をめざして―1985年被差別部落の子どもの学力総合実態調査報告―』。
鳶咲子、2013、『子どもの貧困と教育機会の不平等―就学援助・学校給食・母子

家庭をめぐって』明石書店。
アンソニー・ギデンズ著、佐和隆光訳、1999、『第三の通—公立と公正の新たな同盟—』日本経済新聞社。
アンソニー・ギデンズ著、今枝法之・干川剛史訳、2003、『第三の通との組批判』晃洋書房。
Harry, B. and Klingner, J., 2006, *Why so Many Minority Students in Special Education?: Understanding Race & Disability in Schools*, Teachers College Press.
原田彰編著、2003、『学力問題へのアプローチ—マイノリティと階層の視点から—』多賀出版。
原田彰・村澤昌崇、1997a、「学力問題へのアプローチ（1）同和地区の家庭環境に注目して」『広島大学教育学部紀要　第一部（教育学）』第45号、pp. 19-28.
原田彰・村澤昌崇、1997b、「学力問題へのアプローチ（2）同和地区生徒の低学力要因の検討」『広島大学教育学部紀要　第一部（教育学）』第46号、pp. 33-43.
原田彰・西本裕輝、1997、「学力問題へのアプローチ（3）学級文化の学力への影響に着目して」『広島大学教育学部紀要　第一部（教育学）』第46号、pp. 45-54.
原田琢也、2007、『アイデンティティと学力に関する研究—「学力大合唱」の時代に向けて、同和教育の現場から—』批評社。
原田琢也、2011、「特別支援教育に同和教育の視点を—子どもの課題をどう見るか—」志水宏吉編『格差をこえる学校づくり—関西の挑戦—』大阪大学出版会、pp. 83-100.
長谷川裕編著、2014、『格差社会における家族の生活・子育て・教育と新たな困難—低所得者集住地域の実態調査から—』旬報社。
畠中宗一・木村直子、2006、『『子どものウェルビーイングと家族』世界思想社。
林明子、2016、『生活保護世帯の子どものライフヒストリー—貧困の世代的再生産—』勁草書房。
橋本健二、2006、『階級社会—現代日本の格差を問う—』講談社。
平沢安政、1997、「人権教育としての同和教育—体系的なアプローチを求めて—」部落解放研究所編『これからの人権教育—新時代を拓くネットワーク』解放出版社、pp. 6-39.
平沢安政、2000、「子どもがエンパワーする人権教育プロジェクトについて」部落解放・人権研究所編『子どものエンパワメントと教育』解放出版社。
広田照幸・伊藤茂樹、2010、『教育問題はなぜまちがって語られるのか？—「わかったつもり」からの脱却—』日本図書センター。
池田寛、1985、「被差別部落における教育と文化—漁村部落における青年のライ

フスタイルに関するエスノグラフィー—」『大阪大学人間科学部紀要』第 11 巻、pp. 247-273.
池田寛、1987、「日本社会のマイノリティと教育の不平等」『教育社会学研究』第 42 集、pp. 51-69.
池田寛、1996、「自己概念と学力に関する理論的考察—部落の学力・生活実態調査の結果から」『大阪大学人間科学部紀要』第 22 巻、pp. 434-55.
池田寛、1998、「教育実践のディスコース分析—多声的アプローチの提唱」志水宏吉編著『教育のエスノグラフィー—学校現場のいま』嵯峨野書院。
池田寛、1999、「人権と教育—同和教育の新しい展開—」麻生誠・天野郁夫編著『現代日本の教育課題』放送大学教育振興会、pp. 162-183.
池田寛、2000a、『地域の教育改革—学校と協働する教育コミュニティ』解放出版社。
池田寛、2000b、『学力と自己概念—人権教育・解放教育の新たなパラダイム』解放出版社。
池田寛編著、2001、『教育コミュニティハンドブック—学校と地域の「つながり」と「協働」を求めて』解放出版社。
池田寛、2005、『人権教育の未来—教育コミュニティの形成と学校改革』解放出版社。
今津孝次郎・浜野隆、1991 「部落のサブカルチャーと学校文化」『名古屋大学教育学部紀要』第 38 巻、pp. 419-431.
今津孝次郎、1996、「学校組織学習と教師発達—校内研修に関する事例研究—」『変動社会の教師教育』名古屋大学出版会、pp. 251-307.
稲場陽二、2011、『ソーシャルキャピタル入門—孤立から絆へ—』中央公論社。
伊佐夏実、2013、「公立中学校における教育行為の階層差に関する研究」（大阪大学大学院人間科学研究科博士学位論文）。
石元清英、1995、「部落実態調査の現状と部落の実態的変化—1993 年政府実態調査報告書を読む—」『部落解放研究』第 104 号、pp. 23-39.
伊藤悦子・外川正明・竹口等、1999、「被差別部落の大学生にみられる進学達成要因—生育史の聞き取り調査を通して」『(財)世界人権問題研究センター研究紀要』第 4 号。
岩間暁子／ユ・ヒョヂョン編著、2007、「マイノリティとは何か—概念と政策の比較社会学—』ミネルヴァ書房。
神村早織・新保真紀子、2014、「人権教育の視点からみるスクールソーシャルワークのあり方—同和教育とスクールソーシャルワークの歴史と接点から—」『児童教育学研究』第 33 号、pp. 113-131.
甲斐健人、2014、「『効果のある学校』論と価値の一元化—教育社会学における

フィールドワーク再考のための予備的考察—」『東北大学大学院教育学研究科年報』第63集第1号、pp. 301-318.

解放教育研究所編、長尾彰夫・池田寛・森実責任編集、1997a、『シリーズ解放教育の争点⑥ 解放教育のグローバリゼーション』明治図書。

解放教育研究所編、長尾彰夫・池田寛・森実責任編集、1997b、『シリーズ解放教育の争点③ 人間解放のカリキュラム』明治図書。

解放教育計画検討委員会、1975、「解放教育理論の豊かな創造をめざして—解放教育計画検討委員会第1次報告—」『部落解放』第79号（1975年臨時号）。

神原文子、1999、『平成10年度科学研究費補助金基盤研究（B）（2）研究成果報告書 同和地区における子育ての現状と課題に関する実証研究』。

神原文子、2000、『教育と家族の不平等問題—被差別部落の内と外—』恒星社厚生閣。

「金川の教育改革」編集委員会編、2006、『就学前からの学力保障 筑豊金川の教育コミュニティづくり』解放出版社。

鐘ヶ江晴彦、1995、「同和教育と人権」『教育学研究』第62巻第3号、pp. 219-226.

桂正孝、2009、「子どもの貧困と学力問題—人権教育としての同和教育の視座から—」『部落解放研究』第186号、pp. 2-14.

苅谷剛彦、1997、「教育における不平等と〈差別〉—不平等問題のダブルスタンダードと「能力主義的差別」解放教育研究所編、長尾彰夫・池田寛・森実責任編集『シリーズ解放教育の争点①解放教育のアイデンティティ』pp. 128-139.

苅谷剛彦・志水宏吉編、2004、『学力の社会学—調査が示す学力の変化と学習の課題』岩波書店。

苅谷剛彦・志水宏吉・清水睦美・諸田祐子、2002、『調査報告「学力低下」の実態』岩波書店。

Katz, A. H., 1993, Self-help in America: A social Movement Perspective, Twayne.

川口俊明・前馬優策、2007、「学力格差を縮小する学校—効果のある学校の経年分析に向けて—」『教育社会学研究』第80集、pp. 187-205.

木村和美、2008a、「マイノリティによるネットワーク形成と社会関係資本—被差別部落A地区における保護者組織を事例に」『教育社会学研究』第83集、pp. 65-83.

木村和美、2008b、「『当事者』がみた教育保護者組織の現状と課題」『部落解放研究』第182号、pp. 26-39.

木村直子、2005、「『子どものウェルビーイング』とは」『現代のエスプリ』453号（特集子どものウェルビーイング 子どもの「健幸」を実現する社会をめざして）、pp. 31-39.

木下繁弥、1979、「学力保障―その理念と課題―」辻功・木下繁弥編著『教育学講座　第20巻　教育機会の拡充』学習研究社、pp. 236-248.

久保紘章・石川到覚、1998、『セルフヘルプグループの理論と展開』中央法規。

久木田純、1999、「エンパワーメントのダイナミックッスと社会変革」『現代のエスプリ』第376号。

小針誠、2007、「学力格差の是正と『効果のある学校』―その批判的検討―」『同志社女子大学学術研究年報』第58巻、pp. 61-70.

小柳伸顕、1978、『教育以前―あいりん小中学校の物語』田畑書店。

久保田真功・原田彰、2000、「学力と自尊感情―同和地区児童・生徒を中心に」『広島大学大学院教育学研究科紀要　第三部（教育人間学関連領域）』第49号、pp. 49-58.

桒原成壽、2010、「子どもたちの進路保障をめざすキャリア教育の創造―差別と貧困の世代間の連鎖を克服するために―」、『部落解放研究』第190号、pp. 78-89.

楠本一郎・助野公彦、1995、「子どもの学力問題と同和教育の課題―和歌山県教育委員会の学力調査を手がかりに」『部落問題研究』第132号、

葛上秀文、1998、「授業改革を妨げているもの」志水宏吉編著『教育のエスノグラフィー―学校現場のいま』嵯峨野書院。

教育相談等に関する調査研究協力者会議、2017、『児童生徒の教育相談の充実について―学校の教育力を高める組織的な教育相談体制づくり―（報告）』。

前馬優策、2016、「授業改革は学力格差を縮小したか」志水宏吉・髙田一宏編著、『マインド・ザ・ギャップ！―現代日本の学力格差とその克服―』大阪大学出版会、pp. 81-106.

Maden, M.（Ed.), 2001, *Success Against the Odds: Five Years On: Revisiting Effective Schools in Disadvantaged Areas*, Routledge.

Meerman, J, 2009, *Socio-economic Mobility and Low-status Minorities: Slow Roads to Progress*, Routledge.

ピーター・モーティモア、2005、「効果的な学校は社会の償いをすることができるのか」A. H. ハルゼー／H. ローダー／P. ブラウン／A. S. ウェルズ編／住田正樹・秋永雄一・吉本圭一編訳『教育社会学―第3のソリューション―』九州大学出版会、pp. 403-425.

松本伊知朗、2013、「教育は子どもの貧困対策の切り札か？」『貧困研究』No. 11、pp. 4-9.

耳塚寛明編、2014、『教育格差の社会学』有斐閣。

文部科学省、2015、「平成7年度から平成27年度の要保護・準要保護児童生徒数（各都道府県別）」。

森実、1985、「学力総合実態調査への期待と展望」『部落解放研究』第 46 号、pp. 142-152.

森実、1998、『参加型学習がひらく未来―人権教育 10 年と同和教育―』解放出版社。

森実編著、2002、『同和教育実践がひらく人権教育 熱と光を求めて』解放出版社。

森実、2012a、「ソーシャルワークを位置づけた人権教育」『解放教育』2012 年 1 月号、pp. 58-69.

森実、2012b、「プロテウス的解放教育運動を」『解放教育』2012 年 3 月号、pp. 54-58.

盛満弥生、2011、「学校における貧困の表れとその不可視化―生活保護世帯出身生徒の学校生活を事例に―」『教育社会学研究』第 88 集、pp. 273-292.

森山沾一、2011、『社会教育における人権教育の研究―部落解放実践が人間解放に向け切り拓いた地平―』福村出版。

村上民雄、1997、『多様な他者との出会いを求めて』自費出版。

村越良子・吉田文茂、2017、『教科書をタダにした闘い―高知県長浜の教科書無償運動―』解放出版社。

村崎勝利、1998、「「同和地区児童・生徒の基礎調査」の中止にむけた岡山県でのとりくみ」『部落』第 639 号。

鍋島祥郎、1991、「戦後『学力調査』に見る被差別部落の子どもたち」『部落解放研究』第 78 号、pp. 71-101.

鍋島祥郎、1993、「『部落』マイノリティと教育達成―J. U. オグブの人類学的アプローチをてがかりに」『教育社会学研究』第 52 集、pp. 208-231.

鍋島祥郎、2003a、『効果のある学校―学力不平等を乗り越える教育』解放出版社。

鍋島祥郎、2003b、『見えざる階層的不平等（ハイスクールウォーズⅡ）』解放出版社。

鍋島祥郎、2004、「誰が落ちこぼされるのか―学力格差がもたらす排除と差別―」苅谷剛彦・志水宏吉編『学力の社会学―調査が示す学力の変化と学習の課題』岩波書店、pp. 197-215.

鍋島祥郎・葛上秀文・髙田一宏・芝山明義、2005a、「学力の階層間格差を克服する学校効果 2」、日本教育社会学会第 57 回大会。

鍋島祥郎・葛上秀文・芝山明義・髙田一宏・志水宏吉・西田芳正、2005b、『学校効果調査 2004 報告書』（平成 16 年度科学研究費補助金（基盤研究（C）(1)）研究成果報告書）「学力の階層間格差を克服する学校効果に関する臨床的研究」報告書）。

内閣府、2014、「子供の貧困対策に関する大綱」。

内閣府、2018、『子どもの貧困に関する新たな指標の開発に向けた調査研究報告書』。

中村拡三、1969、「解放の学力―その輪郭と展望―」解放教育研究会編『双書解放教育の実践』明治図書、pp. 175-199.

中野陸夫編、1980、『教育大学教科教育講座3　教科教育における人間解放の理論と展開』第一法規。

中野陸夫、1994、「『同和教育総合調査』からみた被差別部落の子どもの学力形成と家庭の教育力」『部落解放研究』第 98 号、pp. 2-13.

中野陸夫、2000、「教育課題としての進路保障」中野陸夫・池田寛・中尾健次・森実『同和教育への招待―人権教育をひらく―』、解放出版社、pp. 186-197.

野口道彦、2000、『部落問題のパラダイム転換』明石書店。

日本学校ソーシャルワーク学会編、2008、『スクールソーシャルワーカー養成テキスト』中央法規出版。

日本スクールソーシャルワーク協会編・山下英三郎著、2003、『スクールソーシャルワーク―学校における新たな子ども支援システム―』学苑社。

日本社会福祉教育学校連盟・社会福祉専門職団体協議会、2014、『ソーシャルワークのグローバル定義（日本語版）』。

日本スクールソーシャルワーク協会編・山下英三郎著、2003、『スクールソーシャルワーク―学校における新たな子ども支援システム―』学苑社。

西田芳正、1990、「地域文化と学校―ある漁村部落のフィールドワークから―」長尾彰夫・池田寛編『学校文化―深層へのパースペクティブ―』東信堂、pp. 123-146.

西田芳正、1994、「生徒指導のエスノグラフィー―教育困難校における「つながる」指導とその背景―」『社会問題研究』第 43 巻第 2 号。

西田芳正編著、2011、『児童養護施設と社会的排除―家族依存社会の臨界―』解放出版社。

西田芳正、2013、『排除する社会　排除に抗する学校』大阪大学出版会。

西田芳正・妻木進吾・長瀬正子・内田龍史、2011、『児童養護施設と社会的排除―家族依存社会の臨界―』解放出版社。

西川信廣・牛瀧史宏、2015、『学校と教師を変える小中一貫教育』ナカニシヤ出版。

西本裕輝、2001、「教師の評価と中学生の学力の関連性―階層問題に潜む教師のまなざしに着目して―」『人間科学』第 7 号、pp. 29-42.

仁田博史、1980、「小学校低学年期における文字指導のあり方」中野陸夫編『教育大学教科教育講座3　教科教育における人間解放の理論と展開』第一法規、pp. 29-44.

農野寛治、2014、「社会的保護が必要な高年齢の子どもたちに対する教育と福祉の連携」『教育行財政研究』第41号、pp. 47-51.
OECD教育研究革新センター編著、NPO法人教育テスト研究センター監訳、2008、『学習の社会的成果―健康、市民・社会的関与と社会関係資本―』明石書店。
小川利夫・高橋正教、2001、『教育福祉論入門』光生館。
Ogbu, J. U., 1978, *Minority Education and Caste*, Academic Press.
Ogbu, J. U., 2008, *Minority Status, Oppositional Culture, & Schooling*, Routledge.
奥田均、2002、『「人権の宝島」冒険―2000年部落問題調査・10の発見』解放出版社。
大阪大学大学院人間科学研究科、2012、『子どもたちの学力を下支えしている学校の特徴に関する調査研究』(平成22年度文部科学省委託研究報告書)。
大阪大学大学院人間科学研究科、2018、『高い成果をあげている地域・学校の取組・教育環境に関する調査研究(平成29年度文部科学省委託研究 加配教員等の人的措置が教育成果に及ぼす影響に関する研究)』。
大阪大学大学院人間科学研究科池田寛研究室、2001、『協働の教育による学校・地域の再生―大阪府松原市の4つの中学校区から―』。
大阪大学人間科学部社会教育論講座、1984、『桂小学校における低学力克服の取り組み(中間報告)』。
大阪大学人間科学部社会教育論講座・教育計画論講座、1986、『被差別部落における教育機会に関する実証的研究―低学力問題を中心として―』。
大阪府、2001a、『同和問題の解決に向けた実態等調査報告書(生活実態調査)』。
大阪府、2001b、『同和問題の解決に向けた実態等調査委員会委員分析報告書(生活実態調査)』。
大阪府・大阪市・堺市、2000、『保育実態調査基本報告書』。
大阪府科学教育センター乳幼児プロジェクトチーム、1974〜1982、「学力保障に関する研究・乳幼児に関する研究(1)〜(7)」『大阪府科学教育センター研究報告集録』第87号〜第97号。
大阪府教育委員会、2004、『平成15年度大阪府学力等実態調査報告書』、同『平成15年度学力等実態調査の分析結果と課題整理』。
大阪府教育委員会、2007、『平成18年度「同和問題の解決に向けた実態等調査(平成12年度)」対象地域に居住する児童生徒の学力等の分析報告書』。
大阪府同和教育研究協議会、1999a、『わたし出会い発見 Part 3 人権総合学習を始めよう人権総合学習プラン集』。
大阪府同和教育研究協議会、1999b、『地域とすすめる教育改革―ふれ愛教育推進事業と学力向上』。

大阪府人権教育研究協議会、2004、『大阪の子どもたち―子どもの生活白書―2003年度版』。

大阪府総合福祉協会、2012、『今後隣保館が取り組むべき地域福祉課題を明らかにする実態調査』。

大崎広行、2012、「日本における学校福祉行政施策の展開に関する歴史的研究―京都市教育委員会「生徒福祉課」の成立と学校福祉実践の関連をめぐって」『目白大学総合科学研究』第8号、pp. 11-26.

太田俊孝、1980、「子どもの実態と算数の自主編成」中野陸夫編『教育大学教科教育講座3　教科教育における人間解放の理論と展開』第一法規、pp. 133-157.

大内豊久、1988、「戦後同和教育の論争点をめぐって―研究史概説―」部落解放研究所編『改定　戦後同和教育の歴史』解放出版社、pp. 308-334.

小沢有作、1982、「シンポジウム『同和教育の今日的課題』(日本教育学会第40回大会の記録)」『人文学報　教育学』第17号、pp. 117-147.

ロバート・D・パットナム著、河田潤一訳、2001、『哲学する民主主義―伝統と改革の市民的構造』NTT出版。

ロバート・D・パットナム著、柴内康文訳、2009、『孤独なボウリング―米国コミュニティの崩壊と再生―』柏書房。

テス・リッジ著、中村好孝・松田洋介訳、渡辺雅男監訳、2010、『子どもの貧困と社会的排除』桜井書店。

三枝茂夫、1999、「人権感覚鈍磨の体制に風穴を―埼玉県の「同和地区児童調査」廃止の取りくみ」『部落』第642号。

世界人権問題研究センター編、2014、『部落実態調査の書誌的研究（研究第2部　現代・現状共同研究報告書）』世界人権問題研究センター。

Stoll, L. and Myers. K.（eds.）, 1998, *No Quick Fixes: Perspectives on Schools in Difficulty*, Routledge Falmer.

芝山明義、1989、「被差別部落の学業達成―親の教育態度との関連を中心として」『大阪大学教育社会学・教育計画論研究集録』第7号。

志水宏吉、2006、「学力格差を克服する学校―日本版エフェクティブ・スクールを求めて」『教育学研究』第73巻第4号、pp. 14-26.

志水宏吉編、2009、『「力のある学校」の探究』大阪大学出版会。

志水宏吉編、2011、『格差をこえる学校づくり　関西の挑戦』大阪大学出版会。

志水宏吉、2016、「教育格差と教育政策―公教育の再生に向けて―」佐藤学他編『岩波講座　教育　変革への展望1　教育の再定義』岩波書店、pp. 45-76.

志水宏吉・茨木市教育委員会編著、2014、『「一人も見捨てへん」教育―すべての子どもの学力向上に挑む―』東洋館出版社。

志水宏吉・伊佐夏実・知念渉・芝野淳一、2014、『調査報告「学力格差」の実態』岩波書店。

志水宏吉・苅谷剛彦編、2004、『学力の社会学―調査が示す学力の変化と学習の課題―』岩波書店。

志水宏吉・川口俊明・前馬優策、2007、「学校の力―『効果のある学校』は学力格差を克服しうるか―」『日本教育社会学会第59回大会研究集録』pp. 103-108.

志水宏吉・鍋島祥郎・髙田一宏、2002、「学業達成の構造と変容（2）―社会集団と学校効果―」日本教育社会学会第54回大会。

志水宏吉・鈴木勇編著、2012、『学力政策の比較社会学（国際編）―PISAは各国に何をもたらしたか―』明石書店。

志水宏吉・徳田耕造編、1991、『よみがえれ公立中学―尼崎市立「南」中学校のエスノグラフィー―』東信堂。

志水宏吉・髙田一宏編著、2012、『学力政策の比較社会学（国内編）―全国学力テストは都道府県に何をもたらしたか―』明石書店。

志水宏吉・髙田一宏編著、2016、『マインド・ザ・ギャップ！―現代日本の学力格差とその克服―』大阪大学出版会。

志水宏吉・髙田一宏・西徳宏、2014、「『効果のある学校』の成立と持続―2013年大阪学力調査から―」日本教育社会学会第66回大会（松山大学、2014年9月13日）。

志水宏吉・山田哲也編著、2015、『学力格差是正策の国際比較』岩波書店。

添田久美子、2005、『「ヘッドスタート計画」研究―教育と福祉』学文社。

鈴木祥蔵・横田三郎・海老原治善編、1977、『講座部落解放教育　3　部落解放教育の内容と方法』明治図書。

総務庁長官官房地域改善対策室編・監修、1995、『平成七年版　同和問題の現況』中央法規出版。

総務庁長官官房地域改善対策室、1995a、『平成5年度同和地区実態把握等調査』。

総務庁長官官房地域改善対策室、1995b、『転換期を迎えた同和問題―地域改善対策協議会総括部会小委員会報告を中心に―』中央法規。

髙田一宏、1996、「同和地区における保護者の教育意識と学力形成―大阪府A市での聞き取り調査から」『大阪大学人間科学部紀要』第22巻、pp. 457-475.

髙田一宏、1997、「保護者組織の再編と親の教育参加」中村拡三監修、解放教育研究所編長尾彰夫・池田寛・森実責任編集、『シリーズ・解放教育の争点⑤　地域教育システムの構築』明治図書、pp. 55-68.

髙田一宏、1998a、「学力調査」部落解放研究所編『部落解放年鑑』1997年度版、解放出版社、pp. 82-97.

髙田一宏、1998b、「教育調査と教育改革―大阪の学力・生活実態調査をふりかえって―」『解放教育』第 369 号（1998 年 9 月号）、pp. 17-29.
髙田一宏、1999、「就学前期の子育てと子育て支援」部落解放・人権研究所編『大阪発・解放教育の展望』解放出版社、pp. 178-201.
髙田一宏、2000、「教育調査」部落解放・人権研究所編『部落解放・人権年鑑』1999 年度版、解放出版社、pp. 141-153.
髙田一宏、2000、「ヘッドスタートの研究―その歴史と今日的評価―」『姫路工業大学環境人間学部研究報告』第 2 号、pp. 153-162.
髙田一宏、2003、「保護者のエンパワメントとその支援―同和地区の地域教育運動から―」池田寛編著『教育コミュニティづくりの理論と実践―学校発・人権のまちづくり―』(社)部落解放・人権研究所、pp. 114-125.
髙田一宏、2005、『教育コミュニティの創造―新たな学校づくりと教育文化のために―』明治図書。
髙田一宏、2007、『コミュニティ教育学への招待』解放出版社。
髙田一宏、2008a、「同和地区における低学力問題―教育をめぐる社会的不平等の現実」『教育学研究』第 75 巻第 2 号、pp. 36-47.
髙田一宏、2008b、「教育保護者組織とは何か」『部落解放研究』第 182 号、pp. 2-15.
髙田一宏、2009、「教育における協働と『力のある学校』」志水宏吉編『「力のある学校」の探究』大阪大学出版会、pp. 213-230.
髙田一宏、2011、「学力保障の展望」志水宏吉編『格差をこえる学校づくり―関西の挑戦―』大阪大学出版会、pp. 265-282.
髙田一宏、2012、「子ども会改革の検証のために」『部落解放研究』第 196 号、pp. 57-67.
髙田一宏、2013、「同和地区児童・生徒の学力と進路―特別措置終結後の変化に焦点をあてて―」『教育文化学年報』第 8 号、pp. 20-29.
髙田一宏、2014、「社会的包摂をめざす学校づくり―『学校効果調査』対象校を再訪して―」『教育文化学年報』第 9 号、pp. 13-27.
髙田一宏、2016a、「部落問題と教育―見えない排除―」『岩波講座教育　変革への展望　第 2 巻　社会の中の教育』岩波書店、pp. 229-257.
髙田一宏、2016b、「『効果のある学校』の特徴―3 時点の経年比較より―」、志水宏吉・髙田一宏編著、『マインド・ザ・ギャップ！―現代日本の学力格差とその克服―』大阪大学出版会、pp. 147-167.
髙田一宏・鈴木勇、2015、「日本―『確かな学力向上』政策の実相―」志水宏吉・山田哲也編『学力格差是正策の国際比較』岩波書店、pp. 181-212.
高口明久編著、1993、『児童養護施設入園児童の教育と進路―施設・学校生活及

び進路形成過程の研究―』多賀出版.
高岡解放教育研究会編・発行、2012、『復刻　きょうも机にあの子がいない』.
田中欣和、1981、『解放教育論再考―教育労働者の今日的課題―』柘植書房.
谷川至孝、2018、『英国労働党政権の教育政策「第三の道」―教育と福祉の連携―』世織書房.
谷口正暁、1996、「『学力生活総合実態調査』に反対する大阪でのたたかい」『部落』No. 613.
Thrupp, M., 1999, *Schools Making a Difference: Let's be Realistic! School Mix, School Effectiveness, and the Social Limits of Reform*, Open University Press.
外川正明、1993、「被差別部落の子どもの学力形成と家庭の教育力―京都市K地区の教育状況の考察を通じて―」『部落解放研究』第95号、pp. 74-87.
外川正明、1994、「被差別部落の子どもの学力形成と家庭の教育力Ⅱ―大学進学を果たした子どもからの面談調査を通じて―」『部落解放研究』第96号、pp. 77-88.
友永健三、2004、「各国の『職業と世系にもとづく差別』(解題)」『部落解放研究』第161号、pp. 2-7.
東京大学大学院教育学研究科附属学校臨床総合教育センター、2003、『学力低下の実態解明(その1)―関西調査から―』(『学校臨床研究』第2巻第2号).
東上高志、1996、『同和教育の終わり』部落問題研究所.
妻木進吾、2010、「不安定化する都市部落の若年層―2009年住吉地域労働実態調査から―」『部落解放研究』第189号、pp. 2-11.
妻木進吾、2012、「貧困・社会的排除の地域的顕現―再不安定化する都市部落」『社会学評論』第62巻第4号、pp. 489-503.
妻木進吾、2013、「引き継がれる困難―部落の若者の生育家族／学歴／職業達成―」『部落解放研究』第198号、pp. 53-62.
内田龍史、2005、「強い紐帯の弱さと強さ―フリーターと部落のネットワーク―」部落解放・人権研究所編『排除される若者たち―フリーターと弱者の再生産―』解放出版社、pp. 178-199.
植村光朗、1998、「文部省による『平成の人別改め』―福岡県における同和地区児童調査から」『部落』第639号.
梅田修、1995、『同和教育の発展的解消への道　和歌山県での探求が示すもの』部落問題研究所.
ユニセフ(UNICEF)、国立教育政策研究所国際研究・協力部訳、2010、『先進国における子どもの幸せ―生活と福祉の総合的評価』(UNICEFイノチェンティ研究所『Report Card 7』研究報告書).
ユニセフ(UNICEF)、公益財団法人日本ユニセフ協会訳、2017、『イノチェンティ

レポートカード14　未来を築く―先進国の子どもたちと持続可能な開発目標（SDGs）―』．
埋橋玲子、2009、「イギリスのシュアスタート―貧困の連鎖を断ち切るための未来への投資・地域プログラムから子どもセンターへ」『四天王寺大学紀要』第48号、pp. 11-26.
埋橋玲子、2011、「イギリスのシュアスタートと日本の課題―貧困問題と就学前のワンストップ機能」『部落解放研究』第192号、pp. 40-51.
若槻健・伊佐夏実、2016、「『学びあい』や『人間関係づくり』は学力格差を縮小させるか」志水宏吉・髙田一宏編著、『マインド・ザ・ギャップ！―現代日本の学力格差とその克服―』大阪大学出版会、pp. 107-124.
若槻健・西徳宏、2016、「『効果のある学校』を持続させている要因の検討―継承される『思い』と『仕組み』―」、志水宏吉・髙田一宏編、2016、『マインド・ザ・ギャップ！　現代日本の学力格差とその克服』大阪大学出版会、pp. 168-201.
Wilson, W. J., 1987, *The Truly Disadvantaged: The Inner City, the Underclass, and Public Policy*, The University of Chicago Press.
Wilson, W. J, 2009, *More than Just Race: Being Black and Poor in the Inner City*, W. W. Norton & Company.
Wilson, W. J, 2012, *The Truly Disadvantaged: The Inner City, The Underclass, and Public Policy (second edition)*, The University of Chicago Press.
ジェフ・ウィッティー著、堀尾輝久・久冨善之監訳、2004、『教育改革の社会学―市場、公教育、シティズンシップ―』東京大学出版会。
八木英二・梅田修編、1999、『いま人権教育を問う』大月書店。
山田哲也、2006、「学校教育は互恵的な社会関係を生みだすのか？―教育の社会化機能にみる『格差』是正の可能性―」『教育学研究』第73巻第4号、pp. 81-97.
山野則子・山中京子・関川芳孝・吉田敦彦編、2012、『教育福祉学への招待』せせらぎ出版。
山内乾史、2006、「ゆとり教育の実施と学力論争　解説」、山内乾史・原清治編著『リーディングス日本の教育と社会①学力問題・ゆとり教育』日本図書センター、pp. 21-28.
柳治男、2005、『〈学級〉の歴史学―自明視された空間を疑う―』講談社。
保田直美、2014、「学校への新しい専門職の配置と教師役割」『教育学研究』第81巻第1号、pp. 1-13。
米川英樹、2007、「同和地区の学力実態を考える―2006年度大阪府学力調査結果から―」『部落解放研究』第178号、pp. 39-58.

全国児童養護施設協議会調査研究部会、2006、『児童養護施設における子どもたちの自立支援の充実に向けて―平成 17 年度児童養護施設入所児童の進路に関する調査報告書―』。

第 3 章・第 4 章の関係資料（研究冊子等、主なもの）

A 中学校『教職員加配要望書』各年度版。
A 中学校、1997、『豊かな感性を育む A 中学校の人権カリキュラム』。
A 中学校・B 小学校、1995、『地域に根ざした人権教育と確かな学力をめざして』。
教育総合推進事業 A 中校区推進委員会編、1997、『A 中学校区の人権・部落問題学習』。
佐野米子、2005、『絆―X 中・A 中の日々』私家本。
第 20 回大阪府同和教育研究大会現地実行委員会編、1988、『泉北・歩みと実践』。
「X 地区解放教育 30 年の歩み」編集員会編、1991、『X 地区解放教育 30 年のあゆみ』。

ホームページ

内閣府子供の貧困対策ホームページ
　　http://www8.cao.go.jp/kodomonohinkon/index.html
日本ユニセフ協会ホームページ
　　http://www.unicef.or.jp/about_unicef/about_rig.html

初出一覧

各章の内容のもとになった論文・著書は、次の通りである。

第 1 章

髙田一宏、1998、「学力調査」部落解放研究所編『部落解放年鑑』1997 年度版、解放出版社、pp. 82-97.

髙田一宏、2000、「教育調査」部落解放・人権研究所編『部落解放・人権年鑑』1999 年度版、解放出版社、pp. 141-153.

志水宏吉・髙田一宏・堀家由妃代・山本晃輔、2014、「マイノリティと教育」『教育社会学研究』第 95 集、pp. 133-170.（第 2 節「部落問題と教育」の部分）

第 2 章

髙田一宏、2008、「同和地区における低学力問題―教育をめぐる社会的不平等の現実―」『教育学研究』第 75 巻第 2 号、pp. 36-47.

髙田一宏、2013、「同和地区児童・生徒の学力と進路―特別措置終結後の変化に焦点をあてて―」『教育文化学年報』第 8 号、pp. 20-29.

髙田一宏、2016、「部落問題と教育―見えない排除―」志水宏吉編『社会のなかの教育』（岩波講座「教育変革への展望」第 2 巻）、pp. 229-257.

第 3 章

調査報告書（未公刊）

第 4 章

髙田一宏、2014、「社会的包摂をめざす学校づくり―『学校効果調査』対象校を再訪して―」『教育文化学年報』第 9 号、pp. 13-27.

髙田一宏、2016、「効果のある学校の特徴―3 時点の経年比較より―」志水宏吉・髙田一宏編著、2016、『マインド・ザ・ギャップ！　現代日本の学力格差とその克服』大阪大学出版会、pp. 147-167.

髙田一宏、2016、「効果が現れにくい学校の課題―子どものウェルビーイングの観点から―」志水宏吉・髙田一宏編著、2016、『マインド・ザ・ギャップ！　現代日本の学力格差とその克服』大阪大学出版会、pp. 202-219.

第 5 章

髙田一宏、2011、「学力保障の展望」志水宏吉編『格差をこえる学校づくり　関西の挑戦』大阪大学出版会、pp. 265-282.

髙田一宏、2015、「貧困対策における教育支援―学力保障を中心に―」『部落解放』第 716 号（増刊）、pp. 182-191.

髙田一宏、2018、「教育とソーシャルワークの接点―子どもの人権保障の観点から―」『教育文化学年報』第 13 号、pp. 3-13.

あとがき

　本書の内容は、2017年に大阪大学に提出した博士論文をもとにしている。ただ、この博士論文自体、過去20年ぐらいの間に書いた論文や報告書を集め、加筆し、一本の論文に仕立て直したものである。

　現役の大学院生なら、先行研究を検討し、オリジナルな研究課題を設定し、分析枠組みを練りあげつつ継続的に調査を行い、学会発表や投稿を重ね……という道筋をたどって論文を完成させるのが理想だ。道を塞ぐ岩に立ち往生したり、通行止めのために回り道をしたり、分かれ道で迷ったりすることはよくあるが、目的地ははっきりしている。

　だが、私は最初からそういう見通しを持っていたわけではなかった。どこに向かうかもよくわからず、うねうねと続く山道を登っていったら、だんだんと視界が開けてきた。気がつくとある峰に立っていて、登ってきた道筋の全体がみえるようになった。だが、はるか彼方にはもっと高い峯がそびえたっている。例えていうと、本書はそういう感じの本である。

　では、私が登ってきたのはどんな道だったのか。それを一言で言いあらわすならば、「人権保障としての学力保障」である。

　私は、本書を通じて、人権教育と学力保障とが別物として扱われる風潮に異議を申し立てたいと思った。同和教育の人権教育への「発展的再構築」が政策的に推し進められていくなか、人権教育の課題は「人権意識の醸成」に限定された。かつて同和対策審議会がその存在を指摘した「実態的差別」は不可視化された。そのことで、人権教育は、教育の機会均等の実現（昔ながらの同和教育の言葉で表現するなら、就学・学力・進路の保障）が人権保障の要であるという考えを失うことになった。これでは「発展的再構築」どころか「空中分解」である。同和教育の歴史を重ねてきた学校や

そうした学校から影響を受けてきた学校には、学力保障は人権教育の欠くべからざる柱だという発想は根づいている（と信じたい）。けれどもそういう学校は少数派だ。誰のために、なぜ、どのような学力が求められているのかという問いを脇に置いて、学力テストの成績向上がアプリオリによしとされる風潮が広まっている。

　人権教育に、社会権としての教育権（学習権という人もある）の保障という視点を根づかせたい。これが本書をまとめたもっとも大きな動機である。

　だが、実際には、教育権（学習権）の保障は、そう容易なことではない。それは現実の学校が教育権保障を阻んでいるからである。

　私が学生の頃から学んできた教育社会学には、学校は不平等を再生産し正当化する装置だという学説がある。文化的再生産論（あるいは単に再生産論）と呼ばれる説である。学校は、次世代の社会の成員を育てるために、先行世代から後継世代への文化伝達を行っている。その文化伝達そのものが、社会のなかで優位な地位を占める集団の地位継承と不平等な秩序の維持に寄与しているというのが、この説の肝である。むろん、学校にはそれとは正反対の、平等と公正をめざす側面もある。教育者がみな差別者だとか貧困・格差問題に無関心だとかいうつもりもない。しかし、学校教育を総体としてみれば、学校は、不平等や差別の再生産過程に組み込まれた制度だといわざるをえない。

　戦後の同和教育は、このような学校の制度と文化を変革しようとしてきた。学校変革の射程は、同和地区の子どもの教育権保障から始まり、あらゆる子どもの教育権保障へと拡大していった。国際的によく知られた人権教育の概念でいえば、同和教育は「万人のための教育（education for all）」を目指したのだ。その歴史を多くの人に知ってほしいと思った。そして、貧困のなかで暮らす子ども、外国に「ルーツ」のある子ども、特別支援教育の対象とされている子ども、社会的養護のもとにある子どもなど、社会的に不利な立場にある子どもたちの教育権保障を、人権教育の課題として捉えて欲しいと思った。

では、次に私が目指すのはどんな峯だろうか。それを象徴するのが「ウェルビーイング」という語である。
　実をいうと、書名にはかなり迷った。出版助成の申請の締め切り間際に、苦し紛れに考えたのが『ウェルビーイングを実現する学力保障』という題である。「ウェルビーイング」と「学力保障」。前者は社会福祉学の、後者は人権教育論の用語である。我ながら妙な取り合わせだとは思う。
　この10年ぐらいの間に、児童・家庭福祉学やソーシャルワーク論の研究者と接する機会が非常に増えた。貧困・社会的排除問題とそれらの問題に立ち向かう教育実践や政策への関心が高まっていたこともあって、日本における先駆例として、同和教育や同和対策事業を紹介することも多い。
　けれども、貧困や社会的排除から人々が自由になった先に何があるのか、それを私はいまだに説得的に語れないでいる。「民主主義の実現」とか「人権文化の創造」では抽象的すぎる。もっと人のくらしが具体的にイメージできるような概念が必要だと思う。私はそういう概念として「ウェルビーイング」を捉えている。この概念を手がかりにして、何かを無くすという消極的な発想ではなく、何かを満たすという積極的な発想を人権教育にもたらすことができるのではないかと思う。この概念を共通語にして、異業種の研究者や実践者と対話できるのではないかとも思う。そしてこうも思う。学力保障は、もっといえば、学校は、人々のウェルビーイングのためにあるべきだと。
　本書ができあがるまでには、多くの方々にお世話になった。特にお世話になった方のお名前をあげてあらためてお礼申し上げたい。
　まずは、恩師の故池田寛先生である。学校のあり方は、学校を取り巻く地域社会との関係抜きには考えられない。教育は学校で完結するものではない。先生は、教育という社会現象を捉える基本的視点を教えてくださった。先生が亡くなって10数年がたつが、今でもたまに先生の書かれたものを読み返してみることがある。それは何か新しい知識や考え方を得るためにではなく、進むべき道を立ち止まって考えるためにである。

博士論文の審査では、志水宏吉先生（大阪大学）が主査を務めてくださった。古巣の大阪大学に戻って来いと声をかけて下さったのも、早く論文を書けと私の尻を叩いて下さったのも志水先生である。先生には、2001年の「効果のある学校」の調査以来、ずっと共同研究チームに入れていただいている。2010年の秋に大阪大学に移ってからは、同じ研究室で仕事をさせていただいている。「志水組」の一員になったことで、私は他の研究者や学生から大いに刺激を受けることができた。研究には「個の力」を鍛えることと「チーム力」を高めることの両方が必要だと身をもって知った。
　社会福祉学との出会いを作ってくださったのは、西田芳正先生（大阪府立大学）である。西田さん（普段はこう呼んでいる）は、私からみれば「池田一門」の兄弟子にあたる。同和地区、都市のワーキングクラスのまち、大規模公営団地などでのフィールドワーク経験が豊富な教育社会学者で、地域から教育をみるという基本姿勢には私と相通じるものがある。その西田さんが、2010年の日本教育社会学会の課題研究に私を呼んでくださった。「子どもの貧困と教育」というテーマを扱うので、教育における格差是正策について話をしてほしいという依頼だった。課題研究で同席したソーシャルワーク研究の山野則子先生（大阪府立大学）との出会いが、私の研究の転機になった。
　A中およびA中校区の関係者には、言葉では言い尽くせない恩がある。特に地元出身教師としてA中教育の土台を築き、全国同和教育研究協議で活躍された荒木康雄先生には、夫婦ともども大変にお世話になってきた。実をいうと、私の妻はA中の卒業生である。中学校時代の経験は、彼女の人生に大きな影響を与え、巡り巡って私の人生にも影響を与えた。子どもが生まれてからは、A中校区にある保育所や地域の保護者会の活動に参加した。妻の生い立ちや保護者会で出会った親たちの姿から、部落差別が人のくらしに大きな影を落とすことを知った。そしてそのことを学び続けなくてはならないと思った。
　研究者としてA中に関わるようになってからは、教職員や生徒との出

会いがあった。私はA中の生徒の気質を好ましく思う。生徒に寄り添ってきた教職員を尊敬する。そういう私の気持ちは、きっと本書の記述に偏りをもたらしていることだろう。私にはこのようにしか書けなかった。そこはあきらめるしかない。だが、対象に迫ることでしか見えない真実を、少しは描けたのではないかとも思う。

　次に目指す峯はみえてきた。「人権保障としての学力保障」という峯から、「ウェルビーイング実現のための学力保障」という峯へ。がんばって登ってみようと思う。

2018年11月　髙田一宏

　本書の出版にあたっては、平成30年度科学研究費（研究成果公開促進費、課題番号18HP5206）の助成を受けました。大阪大学出版会の川上展代さんには、助成の申請から出版に至るまで、大変お世話になりました。改めてお礼申しあげます。ありがとうございました。

索　引

〈あ行〉

新しい学力観　76,93
アドボカシー　188,190,191,201
生きる力　93
居場所づくり　118,130,134,144,190
ウィッティー（Whitty）　164,165,172
ウィルソン（Wilson）　49
ウェルビーイング　19,163,172-180,182,
　186,188,200,201,203,211
ウェルフェア　19,174,175
越境就学　59,62,66,67,69,116,127,134
エンパワメント　158,175,180,187,188,190,
　191,193,201
オグブ（Ogbu）　30,48

〈か行〉

階層分化　48,57,79,98,199
下位文化　13,28-31,33,39,40,45,46,198
解放子ども会　15,65,66,68,73,77,83,87,
　96,99,117,118,144,190,211
解放の学力　6,7,12,13,25,27,65,76
学力格差　8,11,16,18,20,26,31,33,34,36,
　38,40,53,54,81,85,91,134-136,138,142,
　143,165,169,172,178,200,203,205,206,
　209
学力総合実態調査　11,12,14,33,206
学力低下　36,78,80,134,135,138,199,206
学力不振　5,7,13,31,45,46,62,66,71,77,
　91,110,138,171,172
学力保障　3,5-8,16-20,25,55-57,62,63,75,
　90,111,165,167,169-172,174,182
学校ボランティア　73,74,82,84,144
基礎学力　19,27,47,54,92,94,95,128,132,
　157,167
教育学的誤謬　163-165,167,169,172

教育権　5-7,17,28,50,182,187,197,212
教育研究集会　65-67,71,75,96,133,134,181
教育コミュニティ　15,81
教育達成　5,7,8,24,26,28-30,44,48,50,
　125,126,158,159,164,206,207
教育保護者組織　15,71,96,99,191
くぐらせ期　92
クラスミーティング　123-125,129,130,152,
　180
ケースワーク　180,181,189,190,211
原学級　62,75,78,85,96,110,111,133,207
限定コード・精密コード　29
公営住宅　37,49,69,144,149,150,207
効果のある学校　16,18,53-56,96,103,132,
　134,136,138,139,142,143,148,157-159,
　164,172,173,178,200,209
国際ソーシャルワーカー連盟　175
こども支援コーディネーター　112,113,146,
　149,181
子供の貧困対策に関する大綱　167
子どもの貧困対策の推進に関する法律（子ど
　もの貧困対策推進法）　3,167,187
コミュニティワーク　180,181,201,211

〈さ行〉

再生産論　158
再創造論　31
参加・体験型学習　76
識字　9,69,208
自尊感情　13,76,115
実態的差別　5,23-26,46,47,69,166,197
児童生徒支援加配　41,84,112,145,179,181,
　207,209
児童の権利に関する条約（子どもの権利条約）
　175,183,186
児童養護施設　56,57,63,77,139,144,148,
　151,159,168,187,198,199,209

237

社会関係資本　97, 98, 149, 193, 199, 208, 209
社会的立場の自覚　6, 27
社会的排除　30, 48, 150, 158
シュアスタート（Sure Start）　203
就学援助　45, 56, 77, 106, 139, 144, 152, 153, 168, 169, 179, 184, 185, 207, 210
就学保障　13, 25, 27, 50, 187, 200
就学猶予・就学免除　66
就職差別　5, 24, 27, 46, 47, 125, 166, 167, 184
受験の学力　7, 28
進学率　4, 11, 26, 27, 44-47, 53, 71, 72, 126, 129, 131-133, 139, 168, 169, 198, 200, 205
人権教育及び人権啓発の推進に関する法律（人権教育・啓発推進法）　3, 4, 182
人権教育総合推進地域事業　82, 133
人権教育のための国連10年　4, 183
人権総合学習　13, 68, 93, 94, 96, 133, 135
人権としての教育　13
人権・部落問題学習　13, 19, 66-70, 77, 99, 133, 134
心理的差別　23-26
進路保障　13, 20, 65, 66, 76, 99, 125, 126, 128, 131, 132, 163, 167, 179, 184, 200
スクールソーシャルワーカー　82, 113, 149, 168, 169, 181, 186, 187, 211
スクールソーシャルワーク　19, 182, 186, 187, 189
ストレングスアプローチ　193
生態学的（エコロジカル）な視点　188
セーフティネットとしての学校　18, 152, 156, 159, 163
セルフヘルプ　187, 191, 211
全国学力・学習状況調査　135, 136, 171, 207, 208
全国人権教育研究協議会（全人教）　23
全国同和教育研究協議会（全同教）　9, 23, 25
総合的教育力活性化事業　81, 82, 133
総合的な学習の時間　15, 19, 82, 93, 115, 135
相対的貧困　176, 211
ソーシャルワーク　18, 173-176, 180-182, 186, 188, 190, 191, 193, 201, 203, 211

〈た行〉

地域改善対策協議会（地対協）　3, 4, 12
地域改善対策特定事業に係る国の財政上の特別措置に関する法律（地対財特法）　5, 12, 134
地域教育運動　15, 56, 57, 71, 73, 82, 83, 135, 144, 148, 181, 201, 208, 210, 212
地域教育協議会　82, 110, 113, 133
地域教育集団　66, 181, 211
チームとしての学校　19, 187, 202, 203
力のある学校　60, 134, 158, 159, 172
抽出促進指導　62, 63, 65, 67, 77, 78, 99, 111, 133-135, 145, 207
長期欠席・不就学　5, 8, 9, 18, 27, 46, 183
通過率　85, 86, 90, 91, 136, 138, 139, 208, 209
低学力　5, 6, 10-13, 18, 25, 26, 28, 29, 31, 36, 38, 39, 45-47, 75, 78, 134, 181, 198
同和加配　40, 62, 73, 76, 77, 84, 96, 135, 145, 207
同和教育　3-9, 13, 14, 17-20, 23, 24, 26-28, 48, 56, 65, 67, 69, 70, 72, 84, 125, 133, 159, 165-167, 170, 182, 197, 199, 202, 205, 206, 208, 210
同和教育推進校（同推校）　76, 159, 198, 199, 207, 208
同和対策事業　3, 5, 7, 9, 11, 12, 15-17, 25, 37, 40, 41, 44, 47, 48, 57, 66, 73, 78, 79, 81-83, 95, 98, 134, 144, 148, 149, 165, 170, 179, 182, 190, 197, 199, 206-208
同和対策事業特別措置法（特措法）　9, 12, 23, 24
同和対策審議会答申（同対審答申）　9, 18, 23-26, 46, 47, 69, 157, 165, 166, 197
同和地区　3, 4, 23-26, 28-31, 59, 63, 117, 148-151
同和保育　15, 56, 65, 72, 73, 204
特別支援教育（支援教育）　110, 111, 113, 146, 190, 202, 209

〈な行〉

仲間づくり　9, 62, 66, 71, 86, 87, 90, 96, 116, 118, 123-126, 128, 130, 136, 152, 172, 184, 200

〈は行〉

バーンスティン（Bernstein）　29
排除に抗する学校　159

入り込み促進指導　77
班活動　76,90,123,135,152,180
ひとり親　17,56,77,83,105,110,139,144,
　150,168,169,176,197,199,210
貧困　16-19,46-49,59,79,144,148,150-153,
　155-160,163-174,176,177
福祉教員　8,187
不登校　113,124,125,156,174,186,190,207
部落解放運動　4,7,14,26,57,66,170,199,
　205-207
文化モデル（カルチュラルモデル）　30,31,
　48
ペアレントクラシー　48,158,173,198
ヘッドスタート（Head Start）　203,204

〈ま行〉

マイノリティ　5,7,10,17,31,48,49,56,117,
　144,158,165,173,199,205-209
民主的編成　6,10,92
メリトクラシー　18,23,27-29,47,48,50,67,
　157,158,172,173,198,201
モーティモア（Mortimore）　159

〈や行〉

ユニセフ　176,177,183
要保護・準要保護　106
四認識論　25

〈ら行〉

隣保館（人権文化センター）　73,113,166,
　208

239

著者略歴

髙田　一宏（たかだ　かずひろ）

　大阪大学大学院人間科学研究科教授。博士（人間科学）。大阪大学大学院人間科学研究科単位取得退学。大阪大学助手、兵庫県立大学助教授、大阪大学准教授などを経て、現職。専門は、教育社会学・同和教育論・地域教育論。主な著書に『教育コミュニティの創造―新たな教育文化と学校づくりのために―』（明治図書）、『マインド・ザ・ギャップ！―現代日本の学力格差とその克服―』（大阪大学出版会、志水宏吉との共編著）など。

ウェルビーイングを実現する学力保障
―教育と福祉の橋渡しを考える―

2019 年 2 月 28 日　初版第 1 刷発行　　［検印廃止］

著　者	髙田　一宏
発行所	大阪大学出版会 代表者　三成賢次

〒 565-0871　大阪府吹田市山田丘 2-7
　　　　　　　大阪大学ウエストフロント
TEL 06-6877-1614
FAX 06-6877-1617
URL：http://www.osaka-up.or.jp

印刷・製本　尼崎印刷株式会社

ⓒ Kazuhiro Takada 2019
Printed in Japan
ISBN 978-4-87259-632-8 C3037

JCOPY 〈出版者著作権管理機構　委託出版物〉
本書の無断複製は著作権法上での例外を除き禁じられています。複製される場合は、その都度事前に、出版者著作権管理機構（電話 03-3513-6969、FAX 03-3513-6979、e-mail：info@jcopy.or.jp）の許諾を得てください。